上手なセルフコントロールで
パワハラ防止

自治体職員
のための

アンガーマネジメント活用法

[改訂版]

一般社団法人 日本アンガーマネジメント協会
代表理事

安藤 俊介 [著]

第一法規

改訂にあたって

　本書の初版は2019年（平成31年）２月に刊行されました。その翌年の2020年（令和２年）６月に、いわゆるパワハラ防止法が施行されました。

　2020年といえばコロナ禍が本格的に猛威をふるい、私達の社会生活に大きな変化と影響を与えた年でもあります。

　４月７日には東京、神奈川、埼玉、千葉、大阪、兵庫、福岡の７都府県に緊急事態宣言が発令され、４月16日に対象が全国に拡大されました。それに伴いリモートワークが推奨され働き方は大きく変わったことはもとより、ニューノーマルといわれる新しい生活様式が喧伝され、生活そのものの変化を否が応でも受け入れざるを得なくなりました。

　ちょうどこの頃より各メディアから「どうして今世の中の人達はこんなにも怒っているのか？」と繰り返し取材を受けるようになりました。

　確かに当会に寄せられる相談にも、「今まで自分がこんなに怒りっぽいとは思っていなかったのになぜ？」「これまでよりも怒りの沸点が低くなっている気がする」「怒りによって取り返しのつかないことをしてしまいそうで怖い」といったものが目立つようになりました。

　これらの相談に共通しているのは、今までとは違う自分に対する戸惑いや恐怖感です。普段であればなんとか大丈夫だろうと思っていた人達が、怒りによって大きな失敗をしてしまうのではないかと危機感を感じています。

　コロナ禍により多くの人が行き先の見えない将来に不安を感じ、生活様式の変化に大きなストレスを感じています。本書にも書きましたが、こうしたマイナス感情やマイナス状態は怒りの炎を大きくするガ

スとして作用します。

　多くの人が怒りの炎を燃え上がらせるガスをたくさん抱えているのが今です。そこら中でパワハラを含む、怒りによるトラブルが起こったとしてもなんら不思議ではありません。

　パワハラの行為者が怒りの感情に捉われていることは、当会のアンケート結果でも明らかになっています。アンケートをとるまでもなく、パワハラの行為者が怒りに任せて暴言を吐いたり、適切ではない怒り方をしたりすることくらい容易に想像がつきます。

　そのこともあり「事業主が職場における優越的な関係を背景とした言動に起因する問題に関して雇用管理上講ずべき措置等についての指針」（厚生労働省告示）でも、パワハラ防止のために感情のコントロールを学び、その能力の向上を図ることを推奨しています。

　今ではどのような組織でもパワハラ防止に取り組むことは必須の課題です。怒りの感情と上手に付き合う心理トレーニングであるアンガーマネジメントを、個人として学びパワハラ防止に役立てていただくとともに、自治体のアンガーマネジメントができる組織風土の醸成に本書が役立てば幸いです。

　令和3年9月
　　　　　　　　一般社団法人日本アンガーマネジメント協会
　　　　　　　　　代表理事　安藤　俊介

はじめに

　「パワハラ」という言葉を新聞やニュースなどで見ない日はないと言えるほど、パワーハラスメントは私達にとって非常に身近な問題になっています。

　実際に周りでパワハラを見たことがある、あるいはパワハラの被害にあったことがあるという人も、実は多いのではないでしょうか。

　なぜこれほどまでにパワハラが注目されるようになったのでしょうか。特に今の時代になってパワハラが増えたということではないでしょう。むしろ昔の方がパワハラ的なものの数は多かったといえるかもしれません。

　パワハラという言葉が生まれるまでは、それがパワハラであり、許される行為ではないという認識がなかなか進みませんでした。ところが、パワハラという言葉が生まれ、国を始め、多くの公的機関や企業が「パワハラは許容できないもの」として予防・防止の啓発活動を進めてきた結果、社会全体でパワハラを防止しようという機運が高まっています。

　しかし、機運が高まったからといって、すぐにパワハラがなくなるわけではありません。また、今はまだ十分に機運が高まっているとはいえないと考えている人も多いと思います。

　私は、パワハラは、職場で働く全員が正しい知識を持ち、人権を尊重し、感情のコントロールができるようになれば、予防や防止をすることができるようになると考えています。

　本書では、そのための手段としてアンガーマネジメントをテーマの中心に置いています。なぜならば、怒りの感情と上手に付き合うことができるようになるアンガーマネジメントができることで、パワハラを防止することができるようになるからです。

そこで、アンガーマネジメントの基本、またその活用法をすぐに実践できる形にして紹介しました。特に、その職務の特性からストレスを受けやすい職場である自治体に向けて、現場ですぐに使えるように編集しました。

　誰もがパワハラ被害になどあいたくないと思っていますし、同じように誰もがパワハラの行為者になろうとは思っていないでしょう。職場にパワハラが存在することは、その職場に関係するすべての人にとって大きな不幸です。残念ながらまだ多くの職場ではその不幸が残り続けています。

　さあ、すべての職場からその不幸をなくしていきましょう。

　すべての職場からパワハラをなくすことはできるのです。

平成31年1月

一般社団法人日本アンガーマネジメント協会

代表理事　安藤　俊介

目次

第2節　パワハラ防止のためのアドバイス

第3章　具体例で学ぶアンガーマネジメント活用法

第 1 章

職場のパワーハラスメントの
現状と対策

⬛1 なぜ今、改めてパワーハラスメント（パワハラ）対策が急務なのか

　パワーハラスメント（パワハラ）が社会的に許容できないものという認識は、近年非常に高まっています。企業であれば自社内でパワハラがあったことが明らかになれば、ブラック企業としてレッテルが貼られ、社会的な信用度を落とすことで、大きなダメージを受けます。

　自治体では、パワハラによって社会的信頼が著しく低下したとしても、自治体そのものが存続を危ぶまれることにはなりませんが、市民からの風当たりは強くなり、日々の業務に悪影響が出ることは間違いありません。

　国も非常に重要かつ喫緊の課題としてパワーハラスメント防止に取り組んでいます。筆者が委員を務めた厚生労働省の「職場のパワーハラスメント防止対策についての検討会」（以下、「検討会」という）の報告書の冒頭にはこうあります。

　「職場のパワーハラスメントは、相手の尊厳や人格を傷つける許されない行為であるとともに、職場環境を悪化させるものである。こうした問題を放置すれば、人は仕事への意欲や自信を失い、時には心身の健康や命すら危険にさらされる場合があり、職場のパワーハラスメントはなくしていかなければならない」（『職場のパワーハラスメント防止対策についての検討会　報告書』平成30年３月）。

　令和元年に「労働施策の総合的な推進並びに労働者の雇用の安定及び職業生活の充実等に関する法律」（以下、「労働施策総合推進法」という）が改正され、パワハラに対して事業主に雇用管理上の措置をとることが義務付けられました。

　そして、令和２年１月15日に厚生労働省は「事業主が職場における優越的な関係を背景とした言動に起因する問題に関して雇用管理上講ずべき措置等についての指針」（以下、「厚生労働省指針」という）を告示しました。

　人事院も国家公務員法に基づき、パワーハラスメントの防止等に関し新たな人事院規則を制定しました。この人事院規則の制定にあわせて懲戒処分の指針が改正され、パワハラ行為に対しても懲戒処分が規定されました。

　令和2年4月21日には総務省より「パワーハラスメントをはじめとする各種ハラスメントの防止に向けた対応について」と題された通知が発出されました。

　その中には「公務の職場は各種ハラスメントの防止について模範となるべきであること、職員がその能力を十分に発揮できる勤務環境を保持することによって国民に質の高い行政サービスを提供するためにも各種ハラスメントを防止する必要がある」と書かれています。

　このように国としてパワハラ防止に取り組む姿勢は明確です。自治体職員もこうした国の方針、姿勢を理解し、パワハラ防止に取り組むことが必要です。

　パワハラのある職場は安心・安全に働くことができない職場です。昨今、職場における心理的安全性が職場の生産性を大きく向上させることに寄与するといわれています。

　もし自分が安全・安心な職場環境にいないと感じていれば、ここから逃げたい、早く一日が無事に終わらないかな、どうすればあまり関わらずに済むことができるかな、といったことに意識が向いてしまい、全力で職務に当たることは到底できません。

　職務に向き合うことができなければ、仕事の質は下がります。仕事の質が下がれば、そのことによってミスをカバーする仕事が増えたり、住民からの苦情が増えたりして、生産性は著しく下がります。

　人がそれぞれの能力を発揮し、生産性を上げるためには、本人の努力云々の前に、努力したいと思う、努力ができる環境が必要であるということです。

　パワハラのある職場は、まさにこの各自の努力したい、努力できる

という意思を削ぐ職場になっているということです。

　改正された労働施策総合推進法は令和 2 年 6 月 1 日より施行され、自治体においては、労働施策総合推進法及び厚生労働省指針に基づき、職場におけるパワーハラスメントを防止するために雇用管理上の措置を講じなければならないこととされています。

　しかし、「地方公共団体におけるパワーハラスメント対策の取組状況について」（令和 2 年10月 2 日総務省通知）では、令和 2 年 6 月 1 日時点での自治体におけるパワハラ対策の取組状況調査結果を受け、いまだ雇用管理上必要な措置が講じられていない自治体も見られる、とパワハラ防止の取組みが不十分であるとして、今後はさらにパワハラ防止に適切に取り組むよう伝えています。

　パワハラは、誰もが行為者にも被害者にもなり得る非常に身近な問題です。まさか自分は行為者にはならない、被害者になることもない、などとは考えないでください。

　過去を振り返れば、職場で上司が怒鳴るといったことは当たり前の日常として、日本の職場のそこここで見られました。不当に怒られても怒られる方が悪い、精神力で頑張らなければいけないといった、今からは考えられない風潮が多くの日本の職場にありました。

　今の時代、そんな横暴は許されません。パワハラを許容するような職場が存続することが認められるような時代ではないのです。

2　パワハラとは

　厚生労働省指針では、職場のパワハラを次のように定義しています。

　「職場におけるパワーハラスメントは、職場において行われる①優越的な関係を背景とした言動であって、②業務上必要かつ相当な範囲を超えたものにより、③労働者の就業環境が害されるものであり、①から③までの要素を全て満たすものをいう。」

　また同時に「客観的にみて、業務上必要かつ相当な範囲で行われる適正な業務指示や指導については、職場におけるパワーハラスメントには該当しない」としています。

　それではこの定義について確認していきましょう。

　まずは「①優越的な関係を背景とした言動であって」です。同指針では次のように説明しています。

「『優越的な関係を背景とした』言動とは、当該事業主の業務を遂行するに当たって、当該言動を受ける労働者が当該言動の行為者とされる者（以下『行為者』という。）に対して抵抗又は拒絶することができない蓋然性が高い関係を背景として行われるものを指し、例えば、以下のもの等が含まれる。

　・職務上の地位が上位の者による言動

　・同僚又は部下による言動で、当該言動を行う者が業務上必要な知識や豊富な経験を有しており、当該者の協力を得なければ業務の円滑な遂行を行うことが困難であるもの

　・同僚又は部下からの集団による行為で、これに抵抗又は拒絶することが困難であるもの」

　ひとつ目の職務上の地位が上位の者による言動はわかりやすいでしょう。上司から部下へ、先輩から後輩へ、あるいは正規職員から非正規職員・パート職員へといった具合に、何らかの上下関係がある場

合です。

　次の 2 つがややわかりにくいかもしれません。パワハラは必ずしも上司から部下だけではなく、同僚同士、部下から上司へといった場合もあるということです。

　例えば、福祉課にまったく福祉の経験のない管理職が配属されたとします。管理職は、この分野の知識がないために、当面は部下に知識の面で頼らざるを得ません。そうなった時、管理職は部下に頭が上がらないようになり、その職場では部下の方が優位性を持っているということになるでしょう。

　あるいは結束の固いグループに新しい管理職が配属された際、そのグループが結託して管理職を無視するようなことになれば、部下の方が管理職よりも優位な存在になっているといえます。

　次は「②業務上必要かつ相当な範囲を超えた」です。これについては次のように説明しています。

「『業務上必要かつ相当な範囲を超えた』言動とは、社会通念に照らし、当該言動が明らかに当該事業主の業務上必要性がない、又はその態様が相当でないものを指し、例えば、以下のもの等が含まれる。

　・業務上明らかに必要性のない言動
　・業務の目的を大きく逸脱した言動
　・業務を遂行するための手段として不適当な言動
　・当該行為の回数、行為者の数等、その態様や手段が社会通念に照らして許容される範囲を超える言動」

　ここがかなり解釈の難しいところになります。何をもってして業務の適正な範囲になるのか、ならないのかということです。

　まず、業務上の必要な範囲であれば指示、注意、指導、叱責はもちろんして良い行為です。指示、注意、指導、叱責をしたら、それがイコールでパワハラに該当することにはなりません。このことを十分に

理解していない人が上司側、部下側の双方に多く見られます。

　厚生労働省指針では、パワハラに該当するもの、しないものとして例示をしています。例えば、パワハラの6類型の1つである精神的な攻撃について該当すると考えられる例として、「業務の遂行に関する必要以上に長時間にわたる厳しい叱責を繰り返し行うこと」をあげています。逆に該当しないと考えられる例として、「遅刻など社会的ルールを欠いた言動が見られ、再三注意してもそれが改善されない労働者に対して一定程度強く注意をすること」をあげています。

　最後に「③労働者の就業環境が害されるもの」です。厚生労働省指針によるとこうあります。

「『労働者の就業環境が害される』とは、当該言動により労働者が身体的又は精神的に苦痛を与えられ、労働者の就業環境が不快なものとなったため、能力の発揮に重大な悪影響が生じる等当該労働者が就業する上で看過できない程度の支障が生じることを指す。」

　例えば、労働者がメンタル不全に陥ってしまったり、不機嫌な職場になり、そこで働くことはもとより居ることさえ苦痛になってしまったりすることが考えられます。誰も沈んだ雰囲気の職場では働きたくないものです。

　さて、ここでひとつ考えたいことがあります。それは自治体職員にとって、市民からの悪質なクレーム、嫌がらせなどはパワハラに該当するかです。

　結論から先に言えば、それはここでいうパワハラには当たりません。市民からそうした行為があることは事実であり、自治体職員の中には市民からのそうした行為で傷ついたり、メンタル不全に陥ったりするようなケースもありますが、それはパワハラ行為ではなく、別のものです。

　筆者が委員を務めた検討会では、顧客、取引先などからのパワハラ的な行為もパワハラに含めた方が良いのではないかという議論もなさ

れました。そうした顧客、取引先等からの行為は労働者に著しく苦痛を与えるものですし、生産性を著しく落とすものと考えられるからです。

　そうした行為について、「カスタマーハラスメント（カスハラ）」のような言葉を作り、そうした行為が不法行為であることを知らしめた方が良いということで報告書にも明記しました。また、カスハラがパワハラの連鎖につながっているという懸念も示されました。

　その後、カスタマーハラスメントは社会的に非常に大きな問題になってきています。そして令和 2 年10月18日、ついに厚生労働省が来年度にカスタマーハラスメントについて企業向けの対応マニュアルを策定する方針を決めたことを発表しました。これは従業員が精神疾患を発症するなど深刻な被害も起きていて、国が標準的な考え方や現場対応策を示す必要があると判断したからです。

3 パワハラが生まれる原因

パワハラが生まれる原因としては、次の3つのことが考えられます。

　1．パワハラについて無知であること

　2．人権意識が低いこと

　3．感情のコントロールができないこと

パワハラについて無知であることというのは、パワハラに関する知識がないことです。

これはパワハラがどういう行為を指すのかがわからないといった単純な知識的なものから、パワハラという行為についての倫理的な問題まで、パワハラについての知識がないがためにパワハラを起こしてしまっているということです。

例えば、パワハラの6類型がどのようなものであるかを知らない、あるいはパワハラがどういうものであるかはなんとなくわかっているものの、なぜパワハラをすることがいけないことなのかがわからない、といったことです。

これはパワハラの被害者についても同様のことがいえます。どのような行為がパワハラに相当するのかがわからないために、叱責されたらなんでもパワハラと思い、すぐに相談窓口に駆け込んだりする例もあります。

パワハラについて無知であることについては、研修を受けたり、本で学んだりすることで知識を身に付けることができますので、これは比較的簡単にクリアできる問題です。

次に人権意識が低いという問題があります。残念ながら、日本は先進国であるにも関わらず、世界的に見ると人権意識が低いといわれています。

例えば、2021年に世界経済フォーラムが発表した男女格差を表す指

標であるジェンダー・ギャップ指数では、日本は調査対象国156か国の中で120位と非常に低い位置にいます。この男女平等に関する意識の低さを見ても、日本がいかに人権意識が低い国かがわかるというものです。

　人権意識の低さは、パワハラの行為者だけではなく、パワハラの被害者についても問題となります。

　人権意識が低いために、パワハラの行為者は相手の人権を踏みにじるような行為を行います。一方で、パワハラの被害者も人権意識が低い場合、自分がされている行為が自分の人権を侵害するような行為であるという自覚がないまま、被害を受けながらも我慢してしまうことがあります。

　人権意識が低いといわれる日本で人権意識を高く持つことは、簡単なことではありません。なぜならば、社会の仕組みが、人権意識が低い土壌の上に作られているからです。

　先程の男女不平等でいえば、男性の出世に有利なように社会の仕組みが作られており、女性の管理職がなかなか生まれにくい環境になってしまっています。こうした社会の中では、意識して人権意識を高く持つことを心がけるとともに、適切な啓発活動を長い期間にわたり継続していく必要があります。

　そして最後に、感情がコントロールできないことです。頭でパワハラがいけないこと、やってはいけないこととわかっていても、気持ちがついていけずについパワハラ行為をしてしまう、という人がとても多いのです。

　この「感情のコントロール」については、まさに本書のテーマである、怒りの感情と上手に付き合うための技術であるアンガーマネジメントを身に付けることで、感情に振り回されることなく、パワハラにならないように注意、指導、叱責などができるようになります。

　厚生労働省指針でも、「事業主が職場における優越的な関係を背景

とした言動に起因する問題に関し行うことが望ましい取組みの内容」
として、感情をコントロールする手法についての研修をあげていま
す。労働者が感情をコントロールする能力の向上を図ることでパワハ
ラを防止できると考えているからです。

4 パワハラの 6 類型

　厚生労働省指針では、次の 6 種類をパワハラの代表的な言動の類型としてあげています。

　　1．身体的な攻撃

　　2．精神的な攻撃

　　3．人間関係からの切り離し

　　4．過大な要求

　　5．過小な要求

　　6．個の侵害

　身体的な攻撃というのは、叩いたり、蹴ったりといった物理的に身体に対して攻撃するものが該当します。これは比較的わかりやすいと思います。ただ、叱咤激励のつもりで思い切り肩や背中を叩いたりする行為が、相手にとって実は苦痛で、身体的な攻撃をされたと思い、パワハラを訴えられることもあります。

　精神的な攻撃というのは、同僚の前で叱責されたり、繰り返し執拗に叱られたり、人格否定をされたりといった行為が該当します。精神的な攻撃は、何をもってして精神的な攻撃になるのか明確に分類することがなかなか難しいという問題があります。個別のケースによって判断が分かれるところが大きいものです。

　この精神的な攻撃は、部下から上司へといった、職務上の地位とは逆転して起こることもよくあります。例えば、専門外の所属長に対して現場の部下が「そんなことも知らないのですか？」といった具合に執拗に責めたりすれば、部下が上司に対してパワハラをするということになり得ます。

　人間関係からの切り離しというのは、いわゆる仲間はずれです。一人だけ会議や歓送迎会に呼ばれない、一人だけ別室に移される、みんなで無視をする、といった行為が該当します。

　この類型も、職務上の地位からして逆転現象の起きやすいものです。部下が、新任の所属長が気に入らないからと全員で所属長を無視するようなことをしていれば、この類型に当てはまる行為になるでしょう。

　過大な要求というのは、明らかに終わらない量の仕事を押し付けたり、職責以上の責任を負わせたりするような行為が該当します。

　例えば、職場の歓送迎会の当日に、一人に他の人の分の仕事までを押し付けて、他の人はみな歓送迎会に参加するようなことがあれば、それは過大な要求に加えて、人間関係からの切り離しも含まれるような行為になります。

　過小な要求というのは、先程の過大な要求とは逆に、本来の役割、立場、能力に見合った仕事を割り当てずに、閑職に追いやるような扱いをする行為が該当します。

　例えば、社会保険の専門職として部署に配属されたにも関わらず、コピー取りしかやらせてもらえないといった行為になります。その他にも仕事を特に割り当てられず、一日中座っているだけの状態にさせられるなどの行為もあります。

　個の侵害というのは、プライベートについて口出しされたりする行為が該当します。週末の予定や夫婦関係など、プライベートについてしつこく聞くような、業務にまったく関係のない個人の生活について執拗に触れる行為です。

　厚生労働省指針では、これらの6類型について、それぞれ該当するもの、該当しないものの例示をしています。ただ、個別の事案の状況などによって判断が異なる場合もあり得ることを指摘しています。

　また、パワハラ行為は、厳密にこの類型だと特定できるものもあれば、過大な要求のところで例をあげたように、2つの類型が混在するようなものもあります。

5　指導とパワハラの違い

　パワハラが怖くて指導ができないという人がいます。これはいうまでもなく大きな誤解です。指導することとパワハラは、まったく別のものですし、指導したらパワハラになるということではまったくありません。

　パワハラが怖くて指導ができない、しづらいという人は、きつく言うこと、厳しく言うこと、相手を反省させることが指導という誤った思い込みをしているため、業務上必要であったとしても、指導したり、叱責したりすることが怖くなってしまうのではないでしょうか。

　叱るということは、相手をへこませることでも、反省させることでも、いかに相手ができないかを理解させることでもなく、単純に今どうして欲しいか、これからどうあって欲しいかを伝える「リクエスト」です。

　どうすればリクエストを上手に伝えることができるようになるかについては、第 2 章以降で解説します。

　指導というと、どうしても力が上の人から下の人へ向かって指示をする、命令するというイメージを持ちがちですが、指導というのはある目的に向かって教え導くことです。一般的には、指導は上下関係のもと、上の人から下の人へ使われることが多い言葉ですが、必ずしもそうではないこともあるということです。

　指導者のことをコーチと呼びます。コーチは必ずしも年齢が上とは限りませんし、経験が多いとも限りません。その指導をするのに必要な専門的な知識なり技術を有している人です。

　厚生労働省指針ではパワハラの 6 類型について該当するもの、そうでないものを例示していることは先に述べましたが、ここではその指針を見てみましょう。6 類型について該当するもの、該当しないものを次の通り説明しています。

パワハラに該当する例・該当しない例

類型	該当すると考えられる例	該当しないと考えられる例
身体的な攻撃 （暴行・傷害）	①殴打、足蹴りを行うこと。 ②相手に物を投げつけること。	①誤ってぶつかること。
精神的な攻撃 （脅迫・名誉棄損・侮辱・ひどい暴言）	①人格を否定するような言動を行うこと。相手の性的指向・性自認に関する侮辱的な言動を行うことを含む。 ②業務の遂行に関する必要以上に長時間にわたる厳しい叱責を繰り返し行うこと。 ③他の労働者の面前における大声での威圧的な叱責を繰り返し行うこと。 ④相手の能力を否定し、罵倒するような内容の電子メール等を当該相手を含む複数の労働者宛てに送信すること。	①遅刻など社会的ルールを欠いた言動が見られ、再三注意してもそれが改善されない労働者に対して一定程度強く注意をすること。 ②その企業の業務の内容や性質等に照らして重大な問題行動を行った労働者に対して、一定程度強く注意をすること。
人間関係からの切り離し （隔離・仲間外し・無視）	①自身の意に沿わない労働者に対して、仕事を外し、長期間にわたり、別室に隔離したり、自宅研修させたりすること。 ②一人の労働者に対して同僚が集団で無視をし、職場で孤立させること。	①新規に採用した労働者を育成するために短期間集中的に別室で研修等の教育を実施すること。 ②懲戒規定に基づき処分を受けた労働者に対し、通常の業務に復帰させるために、その前に、一時的に別室で必要な研修を受けさせること。
過大な要求 （業務上明らかに不要なことや遂行不可能なことの強制・仕事の妨害）	①長期間にわたる、肉体的苦痛を伴う過酷な環境下での勤務に直接関係のない作業を命ずること。 ②新卒採用者に対し、必要な教育を行わないまま到底対応できないレベルの業績目標を課し、達成できなかったことに対し厳しく叱責すること。 ③労働者に業務とは関係のない私的な雑用の処理を強制的に行わせること。	①労働者を育成するために現状よりも少し高いレベルの業務を任せること。 ②業務の繁忙期に、業務上の必要性から、当該業務の担当者に通常時よりも一定程度多い業務の処理を任せること。
過小な要求 （業務上の合理性なく能力や経験とかけ離れた程度の低い仕事を命じることや仕事を与えないこと）	①管理職である労働者を退職させるため、誰でも遂行可能な業務を行わせること。 ②気にいらない労働者に対して嫌がらせのために仕事を与えないこと。	①労働者の能力に応じて、一定程度業務内容や業務量を軽減すること。
個の侵害 （私的なことに過度に立ち入ること）	①労働者を職場外でも継続的に監視したり、私物の写真撮影をしたりすること。 ②労働者の性的指向・性自認や病歴、不妊治療等の機微な個人情報について、当該労働者の了解を得ずに他の労働者に暴露すること。	①労働者への配慮を目的として、労働者の家族の状況等についてヒアリングを行うこと。 ②労働者の了解を得て、当該労働者の性的指向・性自認や病歴、不妊治療等の機微な個人情報について、必要な範囲で人事労務部門の担当者に伝達し、配慮を促すこと。

（出典：厚生労働省指針2（7）を作表）

　自分に落ち度があり、指導されること、指導される内容が納得性の高いものであれば、それは苦痛にはなりません。もちろん、人ですから、叱責されれば多少気持ちが落ち込むこともあるでしょう。でも、それは不当に叱責されているという苦痛とは違うものです。

　また、その指導、叱責がその職場にいる職員全員にとってプラスに働き、業務が効率化する、生産性が上がるなどすれば、それは職場環境を改善するものになります。

　アンガーマネジメントを学び、感情に振り回されて怒るのではなく、必要な叱責、指導ができるようになっていきましょう。

6　自治体ならではのパワハラの特色

　自治体であっても一般企業であっても、パワハラに違いはありません。自治体と一般企業の違いというよりは、業務内容によってパワハラの言動（内容）が変わるということです。

　例えば、営業職であれば数字が上がらず責められるパワハラがありますが、自治体職員であれば数字や売上についていわれることは、基本的にあまりないでしょう。

　自治体の特色があるとすれば、それは自治体での働き方や人事、価値観等が背景にあるようなものがあげられます。

　例えば、終身雇用が前提であり離職率が低いこと、年功序列の傾向があり抜擢人事などが少ないこと、採用条件の違いによる目には見えない差別が存在していること、新しいことに挑戦して失敗するよりはミスをしないことが優先されるなどがあげられます。これらのことは、自治体だけではなく、古い体質といわれている重厚長大な大企業などでも見られる特色でもあります。

　終身雇用で離職率が低いということは、良くいえばみなが知り合いになり、相手のことをより深く知るチャンスに恵まれるということです。その一方で、人間関係は固定化しやすく、一度パワハラの負の人間関係に入ってしまうと、そこから抜け出しにくくなってしまうというマイナス面もあります。

　もちろん人事異動などで人の流動化が図られていますが、それは3年に一度といった割合です。なかには3年我慢すればいいのだから我慢しようと、パワハラを受けていたとしても、それを受け入れてしまうような人も現れます。

　しかし、それは決して健全な考え方でも行動でもありません。自らを傷つけるばかりではなく、パワハラが職場にあることを黙認し、他の被害者を生む結果にもつながってしまいます。

　抜擢人事が少ないということは、良くいえば年数を重ねれば順当にあるポジションまでは昇格、昇給をしていきます。一方で、非常に努力をして成果を上げた人と、そうでない人の差が出づらいということは、不平不満が双方でたまりやすいことにつながります。

　頑張っていると思っている人からすれば、頑張らない人を責める気持ちを持ちますし、逆にそこそこでいいと思っている人からすれば、頑張ろうとする人は疎ましい存在となります。そのギャップにより生まれるパワハラもあります。

　採用条件の違いによる目に見えない差別は、意識的、無意識的に採用条件で上から人を見下していることになります。正規職員が本人の前では名前で呼ぶものの、本人がいないところでは「パートさん」と呼んでみたりと、一人の人格ある人としてみなしていないと捉えられても仕方のないことをやっているような場合です。

　そうした無意識の思い込み、差別はパワハラを生む原因となり、パワハラの行為者にしてみれば、自分で気付いていない常識の上にやっている行為なので何が悪いのか気付きにくいという問題が生まれます。

　新しいことに挑戦してミスをするよりも、ミスをしないことが優先されるというのは、いわゆる前例主義です。前例主義のもとでは、マイナス評価になるようなことを極端に嫌がります。当然、ミスをすること、評価を落とすような行為について寛容でなくなり、ミスを恐れるあまりパワハラが生まれることがあります。

　スポーツの世界でもそうなのですが、ミスをしないことに意識が行き過ぎると、ミスを怖がるあまりに身体がこわばり、かえってミスを連発してしまうという罠があります。

　職場でも、ミスをしないことに意識の中心が向いてしまうと、知らず知らずのうちにストレスを感じ、そのストレスは後述するマイナス感情として心の中に蓄積されることになり、結果、怒りが生まれやすくなるという状況を作り出してしまいます。

　公務員の職場でパワハラが起きてはいけないのは、公務員が法令遵守するのは当たり前のことで、世間のお手本でなければいけないと思われているからです。お手本となる存在であるからこそ民間に対して様々なお願いや要請をすることができます。

　しかし、公務員でありながらパワハラが行われている、つまりは法令遵守ができていないような組織からお願いをされるとしたら、聞くに値しない組織、信頼の置けない組織として見限られてしまいます。そうなれば行政をスムーズに進めることなど望めません。自らの組織の襟を正すことは、ひいては行政を滞りなく進めることにつながります。そうして初めて住民から評価を受けることができます。

　パワハラ防止等についての新たな人事院規則も制定されています。公務員として率先してパワハラ防止に取り組むことは、自らの組織運営を健全にするとともに、住民からの信頼を受け、適切な行政サービスを提供することにつながるのです。

7 怒りが連鎖しない職場環境を作るために

　詳細は後述しますが、アンガーマネジメントは怒らないことが目的ではありません。怒る必要があることは上手に怒ることができ、怒る必要のないことは怒らなくて済むようになることです。

　誰も怒りたいとは思っていませんし、誰も怒られたいとも思っていません。怒るというのは、怒られる側はもとより、怒る側も疲れるものです。

　不機嫌な職場と上機嫌な職場があるとすれば、誰でも上機嫌な職場で働きたいと思うでしょう。そもそも怒りの感情があると、職場では、あるいは業務を行う上ではどのような影響があるのでしょうか。

　私が代表理事を務める一般社団法人日本アンガーマネジメント協会では、平成28年3月に「怒りの感情が業務に及ぼす影響」に関する調査を、インターネットを通じて実施しました。

　その結果、怒られた部下が上司に対して「パワハラだと感じている」のは53.8％であるのに対し、怒った上司が「パワハラだと感じている」のはわずか16.7％と認識のズレがありました。

　特に、部下側がパワハラだと感じた理由は、「きつい口調だった」「怒鳴るなど感情的になった」「口汚く罵った」など、感情的に怒られたことが理由の半数以上を占めています。

　一方で、怒った上司側がパワハラだったと感じている理由のうち半数以上を超えたのは、「直接関係のない過去のことまで持ち出して怒ってしまった」と、怒った内容についてであり、パワハラと感じている理由についても明らかに差が生じています。

　このように、怒る側、怒られる側で非常に大きな意識の差が出ています。怒る側は総じて自分の怒る態度がパワハラに当たるとは思っていないのに対して、怒られる側はほとんどの項目でパワハラに当たると感じています。

「怒った（怒られた）」とパワハラの関係性について

調査結果①

怒られた側

全体の54％はパワハラに相当すると感じている。特に、人格攻撃、罵る、無視することは7割以上がパワハラと感じている

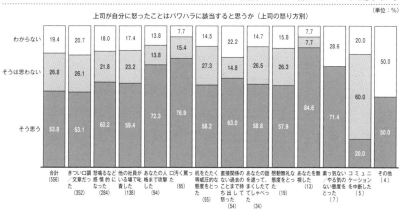

（単位：％）

上司が自分に怒ったことはパワハラに該当すると思うか（上司の怒り方別）

（©日本アンガーマネジメント協会）

調査結果①

怒った側

一方、怒った上司の側は、パワハラに該当すると感じているのはわずかに17％に過ぎない。怒られた部下と大きな乖離が生じている。特に、威圧的な態度を取った場合、パワハラに相当すると考える比率が高い

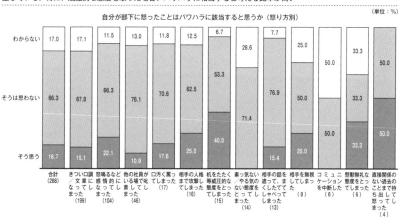

（単位：％）

自分が部下に怒ったことはパワハラに該当すると思うか（怒り方別）

（©日本アンガーマネジメント協会）

　怒る側は、これくらいは指導の範囲として怒っていると考えている人が多いのではないかと考えられます。また、自分の怒り方に問題があると考えている人も少数派といえます。

　一方で怒られる側からすると、上司の怒り方の多くはパワハラに該当するようなものであり、適切な怒り方ではないと考えています。

　次に、怒った（怒られた）後の業務状況ですが、上司に怒られた部下は、業務に支障をきたすことが多く、1位「仕事のモチベーションが低下した」（40.6％）、2位「相手を避けるようになった」（25.7％）、3位「精神的に不安定になった」（23.2％）と続きます。

　それに対し、怒った側は「どのような状態にもならなかった」が58.7％と1位となっており、ギャップが生まれています。

　上司に怒られた後、仕事のモチベーションが低下したり、相手を避けるようになったりすれば、業務効率は著しく低下するでしょう。

　怒る側は、怒ったとしてもどのような状態にもならなかったと回答している人が半数以上ですが、怒られる側の態度に敏感に反応できていないかもしれません。怒った後のケア、フォローをていねいにすることで、怒った後の生産性低下を回避することができるのではないかと考えられます。

怒った（怒られた）後の業務状況について

調査結果②　　　　　　　　　　　　　　　　　　　　　　　　　　　　　【怒られた側】

上司に怒られると、怒られた部下の41%は仕事のモチベーションが低下し、26%は上司を避けるようになる、23%は精神的に不安になる、など72%は何らか業務に支障をきたすようになる

（単位：%、N＝556）

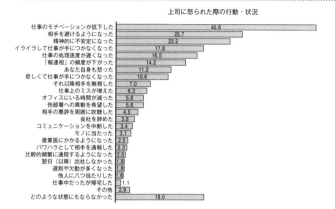

上司に怒られた際の行動・状況

仕事のモチベーションが低下した	40.6
相手を避けるようになった	25.7
精神的に不安定になった	23.2
イライラして仕事が手につかなくなった	17.8
仕事の処理速度が遅くなった	16.5
「報連相」の頻度が下がった	14.2
あなた自身も怒った	11.2
悲しくて仕事が手につかなくなった	10.6
それ以降相手を無視した	7.0
仕事上のミスが増えた	6.3
オフィスにいる時間が減った	5.6
他部署への異動を希望した	5.6
相手の悪評を周囲に吹聴した	4.5
会社を辞めた	3.8
コミュニケーションを中断した	3.4
モノに当たった	3.1
産業医にかかるようになった	2.5
パワハラとして相手を通報した	2.3
比較的頻繁に通院するようになった	2.0
翌日（以降）出社しなかった	1.8
遅刻や欠勤が多くなった	1.8
他人に八つ当たりした	1.6
仕事中だったが帰宅した	1.1
その他	2.9
どのような状態にもならなかった	18.0

（©日本アンガーマネジメント協会）

調査結果②　　　　　　　　　　　　　　　　　　　　　　　　　　　　　【怒った側】

一方、部下を怒った上司側から見ると、59%が「どのような状態にもならなかった」と判断しており、怒られた部下側の18%とは大きな乖離がある。つまり、自分が怒ったことで部下が業務に支障を来すようになったことを、上司は気づいておらず、過小評価している

（単位：%、N＝288）

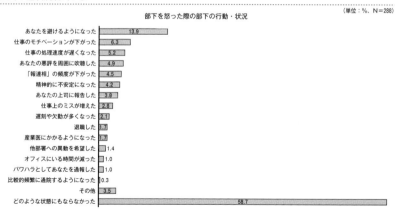

部下を怒った際の部下の行動・状況

あなたを避けるようになった	13.9
仕事のモチベーションが下がった	6.3
仕事の処理速度が遅くなった	5.2
あなたの悪評を周囲に吹聴した	4.9
「報連相」の頻度が下がった	4.5
精神的に不安定になった	4.2
あなたの上司に報告した	3.8
仕事上のミスが増えた	2.8
遅刻や欠勤が多くなった	2.1
退職した	1.7
産業医にかかるようになった	1.7
他部署への異動を希望した	1.4
オフィスにいる時間が減った	1.0
パワハラとしてあなたを通報した	1.0
比較的頻繁に通院するようになった	0.3
その他	3.5
どのような状態にもならなかった	58.7

（©日本アンガーマネジメント協会）

　次に、怒った（怒られた）後の感情の継続期間ですが、その後、上司と関係が回復したのは僅か7.6％で、76.9％は「昔の人間関係に戻っていない」と考えています。また、他にも、怒った後、上司の62.5％は、数分程度で感情を切り替えられるのに対し、部下の5人に1人は、1年以上も感情を引きずる傾向がある、中には1年以上も避けているという部下もいる、というデータもあります。

　怒りの感情は長く引きずることで、憎しみ、憎悪、怨恨等といった非常に扱いが困難な感情に成長することがあります。

　一度こじれた怒りの感情はほぐしにくいものになります。怒られた後に昔の関係に戻れない人が76.9％もいることが象徴しています。怒りの感情はこじれてしまうもの、増幅してしまうものということを十分に理解した上で、適切に怒ることが求められます。

　このように、私達が普段、職場で感じたり見たりしている怒りは、思っている以上に怒る側、怒られる側の双方の業務にいろいろな影響を与えていることがわかります。

怒った（怒られた）後の感情の継続期間について

調査結果③　怒られた側

その後、上司と人間関係が回復したのは7.6％、以前よりよくなったのは僅か1.1％であり、77％は昔の人間関係に戻っていない

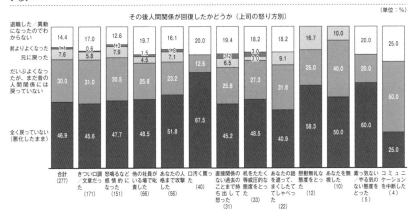

（©日本アンガーマネジメント協会）

調査結果③　怒った側

一方、怒った上司のうち、18％は元の関係に戻った、と回答している。また、「全く元に戻っていない」比率は28％である

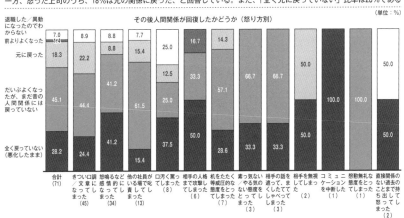

（©日本アンガーマネジメント協会）

25

8　パワハラ防止に求められるコミュニケーション能力の向上

　「3　パワハラが生まれる原因」で、厚生労働省指針の中で「事業主が職場における優越的な関係を背景とした言動に起因する問題に関し行うことが望ましい取組の内容」として、感情をコントロールする手法をあげていることについて言及しました。

　実は人事院の通知でも同様の記載があります。すなわち「パワー・ハラスメントは、相手に自覚がないことも多く、よかれと思っての言動であることもある。相手に自分の受け止めを伝えたり、相手の真意を確認したりするなど、話し合い、認識の違いを埋めることで事態の深刻化を防ぎ、解決がもたらされることがあることに留意すべきである」（「人事院規則10−16（パワー・ハラスメントの防止等）の運用について」令和2年）と、当事者間の認識の相違を解消するためにコミュニケーションの重要性を指摘しています。

　コミュニケーションは言語だけではありません。非言語コミュニケーションといって、表情、仕草、態度なども含まれます。いくら言葉を穏当にしたとしても、表情が厳しかったりすれば、相手はその真意を測りかねます。

　自分が普段どのような表情でコミュニケーションをとっているのか、客観的にはわかりません。もしかすると自分が思ってもいないような表情をしているかもしれませんし、特定の言葉に眉をひそめたり、露骨にいやな顔をしたりしているかもしれないのです。自分では気付かないうちに、相手に自分が意図しないメッセージを送ってしまっていることがあっても不思議ではありません。

　また、リモートワークの増加によりオンラインミーティング、チャット、メールでのコミュニケーションが主流になっている人もいるでしょう。面と向かってコミュニケーションをとっていればとても優しい印象の人が、文字でのコミュニケーションになった途端にとて

も冷たくなったり、きつく感じたりするということもよく聞く話です。発信する側は何も変えていないつもりでも、受け取る側からすると何か大きな変化があったのではないかと勘ぐりたくなります。

テクノロジーの進歩により、リモートワークのように対面でなくても仕事ができるようになったことは喜ばしいことである反面、人の感情がそれに十分に慣れるまでには至っていないように思えます。

どんなツールを使おうとも、コミュニケーションの根底にあるのは相手への思いやりです。自分が発言することで、あるいは文章を書くことで、相手がそれをどう受け取るのか、その想像力を働かせられなければ、どんなに便利なツールを使ったとしても意味がありません。

そんなつもりで言ったのではなかった、とはパワハラ行為者の常套句です。本当に本人はそんなつもりではなかったのかもしれません。しかし、結果としてそれがパワハラと認定されたり、パワハラの嫌疑をかけられたりするようでは、そんなつもりはなかったと釈明をしてもダメなのです。

コミュニケーションはよくキャッチボールに例えられます。キャッチボールの上手な人は相手がボールを取りやすいように投げます。一方でキャッチボールが下手な人は、相手のことはお構いなしに自分が投げたいように投げます。

対面であっても、オンラインであっても、文面であっても、相手が取りやすいボールが投げられるように、コミュニケーション力を高めていきましょう。

それでは第2章から、どうすれば怒りの感情と上手に付き合うことができるようになるのか、パワハラにならないための怒り方はどうすれば良いのかについて、アンガーマネジメントの具体的な方法、技術を紹介していきます。

アンガーマネジメントができるようになれば、怒るにしても、相手

のことを傷つけず、嫌われず、雰囲気も悪くすることなく、怒っていることを伝えることができるようになります。

「職場のパワーハラスメント防止対策についての検討会」での議論

　筆者が委員を務めた「職場のパワーハラスメント防止対策についての検討会」は、労使それぞれの立場を代表する者、法律の専門家、パワハラ対策などを現場で行う専門家などで構成されていましたが、それぞれの立場から譲れる、譲れないの応酬が繰り広げられる場面もありました。

　検討会では、職場のパワハラ防止対策の強化として、次の5つが議論されました。

　　①行為者の刑事責任、民事責任（刑事罰、不法行為）

　　②事業主に対する損害賠償請求の根拠の規定（民事効）

　　③事業主に対する措置義務

　　④事業主による一定の対応措置をガイドラインで明示

　　⑤社会機運の醸成

　検討会では、上記5つのうち、③と④について、どちらの方がより良い結果に結びつくのかが最も議論されたというのが筆者の印象です。

　その後、この報告書を受けて検討が進められた労働政策審議会の建議では、職場のパワーハラスメント防止対策の強化を明記しています。

　具体的な内容として、「職場のパワーハラスメントを防止するため、事業主に対して、その雇用する労働者の相談に応じ、適切に対応するために必要な体制を整備する等、当該労働者が自社の労働者等からパワーハラスメントを受けることを防止す

るための雇用管理上の措置を講じることを法律で義務付けることが適当である」とされています。

これは、検討会で議論された③の事業主に対する措置義務に相当する内容です。検討会の報告書を受けて、パワハラについてさらに一歩進んだ施策をしていくことが、これで確定的となったのでした。

そして周知の通り、令和 2 年 6 月にいわゆるパワハラ防止法が施行されました。

第2章

パワハラ防止のための
感情のコントロール

第 1 節　アンガーマネジメントを使った感情のコントロール

1　パワハラ防止になぜアンガーマネジメントが有効なのか

　パワハラのすべての原因の裏に怒りの感情があるとは限らないのですが、多くのケースにおいて怒りの感情が関係していることに間違いはありません。

　怒りというのは、パワハラをしている対象に対して感じている怒りもあれば、まったく別のところで感じた怒りを抱えて、その憂さ晴らしとして誰かにぶつけている（＝パワハラになる）こともあります。

　パワハラ防止のために研修をしている自治体、企業などは多くありますが、パワハラの研修といえば、まずは法律論による研修です。第1章で紹介したようなパワハラの概論から始まり、ケースを見てみたり、どのような行為がパワハラになるのか、だからどうすれば良いのか、といったことを学んだりすることが、内容の中心になります。

　ところが、こうした研修を受けても、パワハラの件数はなかなか減らず、防ぐことができていないのが現状です。なぜ研修を受けているにも関わらず、パワハラが減らないのでしょうか。

　これは、パワハラについては、頭では理屈として理解できていると思っていても、いざその場面になると感情的になってしまい、ついパワハラをしてしまっている、ということが一因で、こうしたケースが非常に多く見られます。

　多くの人は、パワハラをしたくてしているのではなく、頭ではわかっていても、気持ちがコントロールできずにパワハラに至ってしまっているということがほとんどではないでしょうか。もちろん、だ

からといってパワハラの行為者について、情状酌量して放っておいていい、ということにはなりません。

　パワハラ防止に必要なことは、法律という「理屈」と、怒りという「感情」の2面から向き合うことです。その2つはパワハラ防止において車の両輪の役割を果たします。

　これまでパワハラ防止のために様々な研修などを採り入れてきたけれど、なかなか成果を上げることのできなかった自治体、企業などが今、アンガーマネジメントに注目しています。

　筆者は人事院が発行している『お互いが　働きやすい　職場にするために　パワー・ハラスメント防止ハンドブック』にもアンガーマネジメントに関して寄稿しています。そして人事院がパワハラ防止の人事院規則を制定したことは前述した通りです。

　また、先に紹介した通り、筆者は平成29年度の厚生労働省の「職場のパワーハラスメント防止対策についての検討会」の委員にも、専門家の一人として選ばれました。この点でも国がパワハラにアンガーマネジメントが有効であることを認めている証左でしょう。

　なぜアンガーマネジメントがパワハラ防止に有効なのかといえば、それはアンガーマネジメントが技術として、メソッドとしてアメリカで誰でもできるように開発されたものだからです。

　アンガーマネジメントは、なんとなく心を落ち着けましょう、人格を磨きましょう、といった考え方的なものではなく（もちろんこうした考え方も大事なことですが）、誰もが簡単に取り組むことができ、誰もが再現することができるように組み立てられています。

　実際、大手企業や自治体でもパワハラ防止のためのアンガーマネジメント研修の導入は進んでいて、日本アンガーマネジメント協会はこれまでにのべ2,500以上の自治体、企業などに研修を実施してきました。

　受講者の声として最も多く聞かれるのが、「これなら自分にもでき

る」「なるほどと思った」というものです。

　本章は、パワハラ防止のためにアンガーマネジメントが活用できる
よう、トレーニングをしながら進められるように構成しています。

　一緒にアンガーマネジメントに取り組み、パワハラをしない自分に
なっていきましょう。

2　怒りの感情はコントロールできる

　アンガーマネジメントでは、感情はコントロールできるものという
大前提に立っています。

　果たして本当に感情はコントロールできるようなものなのでしょう
か。また感情をコントロールするということは、性格を変えたり、穏
やかな気持ちになったりする、ということなのでしょうか。

　アンガーマネジメントは、1970年代にアメリカで生まれた心理ト
レーニングです。当初は軽犯罪を犯した人に向けた矯正教育プログラ
ムとしての側面が強かったのですが、時代の流れとともに一般化して
いき、今では企業研修、学校教育、人間関係のカウンセリング、アス
リートのメンタルプログラムなどに幅広く活用されているものです。

　私達は、怒っても後悔をするし、怒らなくても後悔をします。怒っ
て後悔というのは、「あぁ、こんなことで怒らなければよかった」と
いう後悔、怒らなくて後悔というのは、「やっぱりあの時怒っておけ
ばよかった」という後悔です。

　仮にパワハラをしてしまったと気付いたとしたら、例えば「あんな
ふうに言わなければよかった」などと後悔することになるでしょう。

　アンガーマネジメントとは、怒りの感情で後悔をしなくなること、
また、怒ったとしても上手に相手に伝えられるようになることを目指
すものです。

問 題　アンガーマネジメントができるようになることの目的は、次の２つのうちのどちらでしょうか？

1. 心が穏やかになること
2. 怒りの感情で後悔しなくなること

正解	2．怒りの感情で後悔しなくなること

解説

　　　　　アンガーマネジメントで最もよくあるのが、アンガーマネジメントとは怒らなくなること、という勘違いです。

　アンガーマネジメントは、性格を穏やかにしようとか、性格がまるくなるようにしようなどということを目的にはしていません。

　アンガーマネジメントを続けることで、結果的に性格が穏やかになることはありますが、初めからそこを目指すのではなく、あくまでもゴールは怒りの感情と上手に付き合えるようになることです。怒りの感情と上手に付き合えるようになることとは、怒りの感情で後悔をしなくなることです。

　アンガーマネジメントは怒らなくなることが目的ではありません。怒ること自体は構わないと考えています。仕事をしていれば、生活をしていれば、怒る必要があることはいくらでもあります。怒る必要があるものは怒ればいいのです。ただ、前述したように、私達は怒って後悔したり、怒らなくて後悔したりを繰り返しています。

　怒る必要のあることは上手に怒り、怒る必要のないことは怒らなくて済むようになる。アンガーマネジメントができるようになるというのは、このような状態のことです。

　決して怒らなくなるための努力をするのではありません。それは正しい努力ではありません。ですから、本書でも部下や後輩に対して怒ることは間違いです、怒らずに指導しましょう、ということは言いません。

　怒る必要があるのであれば怒ればいいのです。どう考えても後から後悔しないようなことは、自信を持って怒ることができるということは、アンガーマネジメントができているという意味において、とても大切なことになります。

　怒ること＝パワハラではないですし、怒られること＝パワハラ被害でもありません。闇雲に怒るのではなく、またパワハラの範疇に入るようなものでもなく、怒っているということを「伝える」ことはできるのです。

3 ▶ 怒りの感情ってなんだろう

　怒りの感情とは、そもそもどんなものなのでしょうか。また、誰にでもあるものなのでしょうか。

　怒りの感情がない人はこの世の中にはいません。どんなに穏やかな人にも怒りの感情はあります。なぜなら、怒りの感情は、嬉しい、楽しい、悲しい、寂しいといった他の感情とともに、人間に備わっている自然な感情のひとつだからです。

　怒りの感情は悪いもの、マイナスなもの、持っていても仕方がないものと思っている人がいるかもしれませんが、怒りの感情そのものに良いも悪いもありません。怒った後でどうするかによって、その怒りの感情が良いのか、悪いのかが決まります。

　怒りの感情は別名、防衛感情とも呼ばれています。防衛感情というくらいですから、自分の身を守るために備わっている感情ということです。

　動物にも怒りの感情はあります。動物が怒りの感情を使う時、それは天敵などの脅威が自分の安全を侵そうとした時です。怒ることによって臨戦態勢を作ることで、眼の前の脅威を排除しようとしたり、攻撃から逃げようとしたりします。

問　題 人が怒る時、それは誰かを攻撃するためでしょうか、それとも自分を守ろうとしているためでしょうか？

1．誰かを攻撃するため

2．自分を守ろうとするため

| 正解 | 2．自分を守ろうとするため |

解説　怒りの感情の役割は人間も動物と一緒です。人が怒る時、それは何かが侵害されている、何かが脅威にさらされていると感じている時です。

動物のように命が危険にさらされるようなことは、実社会ではあまりないかもしれません。でも、立場、考え方、大切にしているもの、価値観等々、自分の何かが侵害されていると感じることがあるのです。

怒っている人は誰かを攻撃したくて怒っているのではなく、自分の何かが侵害されていると感じているので、それを守ろうとして怒るという手段に出ている、というのがその姿になります。

少し専門的な説明をすると、目の前に脅威が登場した時に怒りという感情を使って攻撃するか、逃げるかを選択することは、アメリカの生理学者であるウォルター・キャノンによって闘争・逃走反応と名付けられました。

自分自身を振り返ってみて、あるいは怒っている人を見た時、何かを守ろうとしていたのではないかと、思い当たる節はないでしょうか。

例えば、市民からのクレームで上司が怒っている時、その上司は、市民からクレームを受けることによって自分の平和が脅かされている、自分の立場が危うくなってしまうと無意識のうちに感じているのかもしれません。

その時、上司は自分の心の平穏や管理職としての立場が侵害されていると感じているのでしょう。

あるいは市民が手続きのミスについて苦情を言ってきている時、こちらとしては大したミスではないから簡単に訂正できるのでそんなに

怒らなくていいのに、と思っていたとしても、その市民はこの手続き
ミスで自分が一市民として大切に扱われていないと思っているのかも
しれません。

　その時、その市民は自分の価値観や大切にしているものが侵害され
ていると感じているのでしょう。

　これからは怒っている人を見たら、何かが侵害されたと感じている
人、何かが脅威によって侵されると思っている人、などと見方を変え
てみると、怒っている人の印象は随分と変わってくるのではないで
しょうか。

4 怒ることのメリット・デメリットとは

　怒ることにはメリット・デメリットがあります。怒ることのデメリットは割と簡単に思い浮かぶかもしれません。その一方で、怒ることのメリットというのは一体何でしょうか。そもそも怒ることにメリットはあるのでしょうか。

　ここではまず、怒ることのメリット・デメリットを次のフォーマットに書けるだけ書いてみましょう（制限時間は 2 分）。

怒ることのメリット・デメリット

怒ることのメリット	怒ることのデメリット

　さて、いかがでしょうか。どのようなメリット・デメリットをあげることができたでしょうか。

　では早速、多くの人にとっては簡単であろうデメリットの方から見ていきましょう。怒ることのデメリットでは、次のようなものがよくあげられます。

● 人間関係が悪くなる

● 雰囲気が悪くなる

● 精神的にも身体的にも疲れる

● 冷静でいられなくなる

● 集中できなくなる　　　　　　　　　　　　　etc.

　ここにあげられているようなものは、心当たりがあるのではないでしょうか。

　確かに人間関係が悪くなることは多いでしょう。これまでにケンカをしたり言い合ったりして、気まずくなってしまい疎遠になってしまったなどという友人が、過去にひとりやふたりはいるかもしれません。誰かひとりでも近くでイライラしていたり怒っていたりしたら、その場の雰囲気はすぐに悪くなります。怒っている人を見ているとこちらまで不愉快な気持ちになります。

　怒っていると疲れます。怒るというのはエネルギーを使いますので、怒った後でドッと疲れが出た、と感じたことのある人も多いでしょう。

　怒っている時は冷静には考えられません。あるプロサッカーチームのコーチから聞いた話ですが、怒っている選手は戦術が頭から飛んでしまい、試合にならなくなると言っていました。イライラしている時はイライラしていることに気をとられて、集中できなくなります。

　さて、続いて怒ることのメリットです。こちらはなかなか難しかったのではないでしょうか。

　怒ることのメリットでは次のようなものがよくあげられます。

● スッキリする

● ストレス発散になる

● 言うことを聞かせられる

● 真剣さを伝えることができる

● エネルギーになる　　　　　　　　　　　　　etc.

　怒ることのメリットについては注意が必要です。なぜなら、一見するとメリットのように思えて、実はそうではないものがたくさんあるからです。

　その代表的なものが、「スッキリする」「ストレス発散になる」です。これらは怒ることのメリットではありません。怒ることで、スッキリしたり、ストレス発散になったりすると思ってしまうと、より強く怒ることでよりスッキリする、ストレス発散になると勘違いしてしまいます。

　ストレス発散にはほかに健全な方法がいくらでもあります。怒ることはストレス発散にはならないと考えてください。

　「言うことを聞かせられる」というのも、大きな誤解のひとつです。怒って無理やり言うことをきかせることは、相手にとっては苦痛でしかありません。その場では言うことを聞いたように見えるかもしれませんが、心の中では納得しておらず、実際にくすぶっているのは反発心です。

　長期的な視点からすれば、反発心、不信感が募るだけで、人間関係は悪くなる一方です。北風と太陽の童話ではありませんが、力づくで相手に何か言うことを聞かせるということは、健全な人間関係においては避けるべき行為として理解しておきましょう。

　力づくで相手に言うことを聞かせられると思っていれば、それはパワハラにつながる可能性が極めて高くなります。言うことを聞かなくても、より強く言えば言うことを聞かせられるはず、という誤った思い込みだからです。

　「真剣さを伝えることができる」はメリットです。怒ることは何かが侵害されていると感じていて、それを守ろうとしている行為と説明しました。つまり、怒ることによって、何か大切なものが侵害されているというメッセージを真剣さとともに伝えることができるからです。

　もちろん、だからといって相手に強く言っていいということではなく、穏当な表現で伝えることが必要です。

　怒ることのメリットで何といっても一番大きなものは、「エネルギーになる」ことです。

　確かに、怒りの感情は何かを壊すことが得意ですが、一方で何かを作り上げる、前に進ませるという大きなエネルギーにもなり得ます。海外では、アンガーマネジメントをメンタルトレーニングとして使っているプロアスリートは多いですが、良くも悪くも一流のアスリートは怒りの感情を抱えています。

　試合に負けた悔しさ、自分の不甲斐なさへの苛立ち、成績が出ないことへの怒り等々、怒りの感情を抱えていることによって、より高みへ成長しよう、したいというモチベーションにしています。

　アメリカのプロゴルフトーナメント「マスターズ」でアジア人初となる歴史的優勝を成し遂げた松山英樹選手は、マスターズ優勝後のインタビューで、その前の週の試合で崩れてしまった時、怒っている自分にあきれたと語り、マスターズでは、怒らずここまでやってきたことを信じよう、と臨んだとのことです。怒りに捉われることなく安定したメンタルでプレーできたことが勝因のひとつになったと言えると思います。

　怒りが強すぎてしまうと、集中できなかったり、嫌になってしまったりしてパフォーマンスは落ちますが、一流のアスリートは、怒りの感情と上手にバランスをとることで、気持ちを建設的な方向に向けることができています。

　怒りの感情と上手に付き合うことは、怒りを生産的・建設的な方向に向けられることでもあります。

5 怒りには問題となる特徴がある

　本書では、一貫して怒ること自体は問題がないと述べてきています。アンガーマネジメントの目的は怒らないことではなく、怒る必要のあることは上手に怒り、怒る必要のないことは怒らずに済むようになることです。

　ただし、だからといってどんなふうに怒っても良いということではありません。次のような特徴があるのであれば、それは問題があります。

　　1．強度が高い

　　2．持続性がある

　　3．頻度が高い

　「強度が高い」は、一度怒ると非常に強く怒ってしまう特徴のことです。些細なことでも、激昂したり、大声を出したり、暴言を吐いたり、時には暴れる等、怒り方が非常に激しい人です。普段から高圧的、口調が強い、怒るが勝ちと思っているなどの特徴が見られます。

　「持続性がある」は、昔あったことをいつまでも根に持っていたり、急に昔のことで思い出し怒りをしたりするといった人です。「前から言っているけど」といった口癖がある、怒る時に昔のことを引っ張り出して怒る、といった特徴が見られます。

　「頻度が高い」は、一日中イライラ、カリカリしている人です。何が気に入らないのかわかりませんが、常に何かが気に入らないといった態度でいたり、近寄りがたい雰囲気を出していたりします。せっかちな人、心に余裕がない人などは、怒りの頻度が高くなる傾向にあります。

問題　次のイラストは、強度が高い人、持続性がある人、頻度が高い人のどれを表しているでしょうか。

> **正解**　１．が頻度が高い人、２．が強度が高い人、３．が持続性がある人

解　説

　これらの怒りの特徴は一人の人にひとつずつ備わっているというものではなく、一人の人にどの特徴もあり、それぞれの強弱が違います。

　例えば、強度、持続性は高いが頻度が低い人、強度は低いが持続性、頻度が高い人、全部が高い人、全部が低い人、といった具合に人それぞれで異なります。

　さらに知っておいてほしい特徴があります。それは「４．怒りの攻撃性」です。怒りの攻撃性は次の３方向に向かいます。

　　１）他人
　　２）自分
　　３）モノ

　他人に攻撃性が向かう人は、怒った時に人に当たったり、人を責めたりする傾向が見られます。他人のせいにしたり、相手を追い詰めるような怒り方をしたりする人です。

　自分に攻撃性が向かう人は、怒った時に人に言えずに自分の中に溜め込んでしまう人です。「心の中で自分を罵倒する」「自分が情けなくてひどく落ち込む」など、自分の中に溜め込んでしまうのは、自分への攻撃です。

　モノに攻撃性が向かう人は、モノを投げたり、壊したり、ドアを強く閉めたり、などの行動をします。

　この攻撃性が向かう３方向も、一人の人がどれかひとつではなく、３方向に向かう度合いに強弱があるだけで、皆がそれぞれの方向に怒りを向けています。

6 怒りを大きくするマイナス感情

　同じことがあったとしても、すごく頭にくることもあれば、軽く流せる時もあります。この違いは一体どこからくるのでしょうか。それは怒りを炎に例えるなら、その炎を大きくする燃料をたくさん抱えているかどうかによります。

　燃料になるものは、辛い、苦しい、悲しい、寂しい、困った、焦り、不安、孤独、打ちひしがれたといったマイナス感情です。こうしたマイナス感情をたくさん抱えている時、怒りは大きくなります。

　なんとなく気持ちが浮かない時の方が怒りを感じやすい、あるいは怒りが大きくなりやすいことは経験的に理解できると思います。

　逆に言えば、調子が良い時、気分が良い時、物事をポジティブに考えることができている時は、同じことがあったとして、軽くイラッとはしても、そこで強く怒るようなことはありません。あるいはそもそもそれほど怒りを感じません。

　最近少し強く怒った時のことを思い出してみましょう。その時、何らかのマイナス感情を持っていたはずです。それはどのようなものだったでしょうか。反対に怒りを感じてもそれほど強く怒らずに済んだ時、怒る前の気持ちはどのようなものだったでしょうか。

　怒りを感じた時、その怒りを大きくするマイナス感情を見付けられるようになると、どのようなマイナス感情の時に自分が強く怒るか傾向がわかります。

　また、この仕組みを理解していると、怒っている人に向き合う上でとても大きなヒントになります。

　例えば、書類の不備で出せるはずの証明書を出してもらえないことに、住民が窓口で猛烈な勢いで怒っています。この怒りを大きくしているのは、紛れもなくこの住民自身のマイナス感情です。

　証明書を出してもらえないことで「困る」「途方に暮れる」といっ

たマイナス感情が怒りを大きくしているのです。ただ、多くの人は怒りの仕組みを知りませんので、怒りを大きくしているのは窓口の対応の悪さだと他責で怒ります。

この場合であれば、住民の方のマイナス感情に目を向け、どうすれば困らなくなるのか、あるいは途方に暮れなくてもいいのか本人がわかれば、マイナス感情は小さくなり、ひいては怒りを小さくすることができるのです。

余談ですが、日本アンガーマネジメント協会ではあおり運転防止のアドバイスをしています。代表的なアドバイスは「時間に余裕をもって出かけましょう」です。なぜなら、急いでいる時は焦っている時になりますが、そんな気持ちで運転をすれば普段よりも怒りが大きくなりやすく、あおり運転をしてしまう可能性が高くなるからです。

心の余裕を持つことの大切さはよく言われますが、それはアンガーマネジメント的にも理に適っているものです。

問　題	あなたにとって怒りの炎を大きく燃え上がらせるマイナス感情はどのようなものでしょうか？　マイナス感情を考えてみましょう。

【マイナス感情の例】

・不安、辛い、虚しい　など

〈私にとってのマイナス感情〉

7　ストレスを溜め込まない

　ストレスと怒りの感情はとても深く関係しています。ストレスが大きい人、ストレスを抱えてしまっている人は、怒りやすくなります。逆にストレス解消ができている、すっきりとした気持ちの人はそうそう怒りません。

　そもそもストレスとは一体どういうものでしょうか。例えば風船を押せば風船はへこみますが、風船を押すものをストレッサー、風船が押されてへこんだ状態のことをストレス反応といいます。人間でいえば、心や身体に何か力が加わり、心や身体がその力によって歪んでいる状態になっているということです。

　ストレス反応は、心理面、身体面、行動面の３つに分けることができます。

　心理面でのストレスとしては、モチベーションの低下、イライラ、不安、抑うつなどがあげられます。

　身体面でのストレスとしては、身体の痛み、頭痛、肩こり、胃痛、食欲の低下、不眠などがあげられます。

　行動面でのストレスとしては、仕事のミス、注意散漫、飲酒の増加などがあげられます。

　今の時代、ストレスをまったく感じていないという人はいないのではないでしょうか。

　必要なのは、ストレスをなくすことではなく、ストレスと上手に付き合う方法を身に付けるということでしょう。

　「6　怒りを大きくするマイナス感情」でマイナス感情が怒りを大きくするものと説明しましたが、ストレス、疲れている、お腹が空いている、睡眠不足、体の調子が悪いといったマイナス状態も怒りを大きくするものと覚えておいてください。

　つまりマイナス感情、マイナス状態が大きいほど、怒りは大きくな

ります。自分のマイナス感情、マイナス状態に気付くことができれ
ば、怒りを感じた時に、もしかすると今は自分のマイナス感情、マイ
ナス状態が大きいから普段よりも強く怒っているかもしれない、と注
意することができます。

　このように人の怒りの大きさにはマイナス感情、マイナス状態の大
きさが深く関係しています。そこで普段からなるべくマイナス感情、
マイナス状態を大きくしないようにしておきたいものです。

　マイナス感情を小さくするのであれば、そのマイナス感情の原因と
なっているものから遠ざかるのが一番です。例えば、何か特定のこと
について不安を感じているのであれば、そのことについてしばらくは
調べない、考えないようにします。

　マイナス状態を小さくしたければ、適切な食事、適度な運動、十分
な睡眠といった健康的な生活を心がけることです。体の調子の良さを
保つことは、アンガーマネジメントに取り組む上で大きなプラスにな
ります。

問 題 次の中で誤ったストレス発散方法はどれでしょうか？
答えはひとつとは限りません。

正解　　1、2、3

解説　　あなたも意識して、あるいは無意識にストレス発散のために行っていることがあると思います。ところがストレス発散のために行っていることが、実はストレス発散になっていない場合があるので注意が必要です。

　飲酒でストレス発散はNGです。お酒には依存性があります。飲酒することでストレス発散ができると思い習慣にしてしまうと、それは徐々にエスカレートしていき、ストレス発散のためにより多くのお酒、より強いお酒を求めるようになります。そうなれば、もうアルコール依存症へ向かって歩いているようなものになります。

　モノを投げて壊すようなことも、ストレス発散としてはNGです。乱暴な行為は気持ちを荒立てることはしても、心を落ち着かせてはくれません。心がささくれだっているような状態では、解消できるストレスも解消できなくなってしまいます。

　前述の通り、怒ることはストレス発散のためにはなりません。しかし、誰かに怒りをぶつけることなどなく、ストレスを発散する方法はあります。

　では、どういったストレス発散が望ましいのかといえば、深呼吸、散歩、読書、お風呂に入る、ストレッチ、ヨガ、昼寝、マッサージ等、身体がゆったりと休まるようなもの、身体がリラックスできるようなものが望ましいです。

　また、ストレス発散のメニューは複数用意しておきます。例えば、休日にできるもの、半日あればできるもの、通勤途中にできるもの、オフィスの中でサッとできるものなど、いろいろな時間、場面でできるストレス発散メニューを用意しておくことで、いつでもどこでもストレス発散ができるようになります。

8　アンガーログ＝怒りの記録を付けてみる

　アンガーマネジメントの講座に参加される方にはいくつかの共通点がありますが、怒ったことは覚えていても、何にどう怒ったのかをよく覚えていないというのも大きな共通点のひとつです。

　そう、実は私達は自分が怒ったことについて思いのほか覚えていないのです。

　アンガーマネジメントは心理トレーニングです。トレーニングなので繰り返し練習をします。野球、テニス、ゴルフ、料理、楽器等と同じように練習を繰り返すことによって上達します。もしあなたが毎度、前回練習したことを忘れていたとしたら、上達はかなり遅いものになります。

　あなたは、これまでの人生の中で何度怒ったことがあるでしょうか。その度に次はもっと上手に怒れるようになろうと意識して練習してきていれば、今頃はもっと上手に怒れていたことでしょう。

　一流のアスリートは練習ノートを付けています。今日できたこと、できなかったこと、次への改善点などを記録しておくことで、より質の高い練習ができるようになるからです。

　なぜ私達がこうした練習をしてこなかったかといえば、それはある意味仕方がないことです。なぜなら、怒りの感情のコントロールは練習することによって上達するなんていうことを、誰も教えてくれなかったのですから。

　しかし、今からでもまったく遅くはありません。ここではアンガーマネジメントの練習がより質の高いものになるように、「アンガーログ」を付けます。「アンガーログ」は怒ったことの記録です。どのようなものかは次頁を見てください。アンガーログはいわば、怒りの練習ノートです。

アンガーログフォーマット

日時、場所	日時：〇月×日△時
出来事	窓口対応をしていたところ、いきなり横柄な態度で文句を言われた。
思ったこと、感情	なんでそんな態度をするんだろう？戸惑い。軽いイラッ。
怒りの強さ	3

● 日時、場所
　　✓　怒りを感じた日時、場所を書きます。
● 出来事
　　✓　どのような出来事だったのかを書きます。注意点としては、ここではできる限り事実のみを書くということです。
● 思ったこと、感情
　　✓　その時にどのように思ったのか、感じたのか、どのような気持ちになったのか、気持ちを書きます。
● 怒りの強さ
　　✓　後述する怒りの温度計を使って、怒りの温度を付けます。

　アンガーログに決まった形はありません。今回は 4 つの事柄を書いてもらうフォーマットを紹介していますが、出来事、その時の気持ちを書いておくだけでも構いません。このように決まりがないので、自分が続けやすい形で記録をすると継続しやすくなります。

　アンガーログを付け続けることで、自分の怒りの傾向、パターンが浮かび上がってきます。傾向、パターンを知るためには、ある程度の数を付ける必要があります。そのためにも続けられる形を工夫してみてください。

　例えば、職場では軽くイライラしていることが多いけれど、家では

たまにしか怒らない、でもそのたまにの時に強く怒ってしまう、あるいは通勤途中に腹が立つことが多い、などです。

アンガーログをつけることで、自分でも何となくそうかなと思いつつ気を付けていないことが、文字としてはっきりと目に見える形になります。

私達は複雑に怒っているように思えて、実はかなりワンパターンに怒っています。パターンがわかれば、そのパターンを壊すことは簡単です。

アンガーログは日記ではありませんので、一日の終わりに今日を振り返って記録するのではなく、イラッとしたらその場で記録してください。一日に何度もイラッとすることがあるなら、アンガーログはその回数だけ書きます。

書き方としては、メモを持ち歩いて記入してもいいですし、スマートフォンを使って記録をしてもいいですし、自分宛にショートメッセージを送るという方法でもいいでしょう。スマートフォンを使った場合のメリットは、日時が自動的に記録されている点です。

自分にあった方法で記録していきましょう。記録することが何より大切なので、完璧に書こうとするのではなく、ササっとメモをとる感覚で始めてみてください。

ちなみに日本アンガーマネジメント協会では、アンガーマネジメント手帳というアンガーログなどを付けられる手帳も監修しています。ご興味があれば書店でぜひお探しください。

9 　衝動をコントロールする

　衝動のコントロールは、イラッとした時、カッとなった時にその感情に対処することです。アンガーマネジメントは怒りを否定しているわけではありませんが、怒りに振り回されるようでは問題です。

　まずは、これからどんなに頭にきたとしても、怒りを感じたとしても、絶対に「反射」をしないことが大切です。

　反射的に言う、反射的に動く、反射的に言い返す、仕返すなど、反射をして良いことはまずありません。売り言葉に買い言葉という表現がありますが、これなどはまさに反射の負の産物でしょう。

　なぜ怒りを感じた時に反射をしてはいけないかといえば、アンガーマネジメントの目的は怒りの感情で後悔しなくなることですが、**怒りに対して反射的に言ったこと、したことは十中八九後悔することになる**からです。なぜなら反射は考えなしに行動することです。考えなしに行動して良いことはまずありません。

　「あっ、言ってしまった」「言わなきゃよかった」等々、思わず言ってしまって後悔したなどという経験は、誰にでも一度や二度はあるのではないでしょうか。その迂闊な一言がパワハラになる可能性は少なからずあります。

　では、反射をしないためにはどうすればいいかです。

　これからは、どんなにイラッとしても 6 秒待ってください。私達はこれを 6 秒ルールと呼んでいます。

　私達がこれまでに研究してきた結果、多くの人は怒りを感じてから 6 秒あれば理性が働きます。6 秒で怒りが消えるわけではありませんが、少なくとも怒りに乗っ取られた状態ではなく、理性で対処することができるようになるための時間として覚えてください。

■ 怒りの温度計

　では 6 秒ルールを守るため、怒りの感情で反射をしないための、衝動のコントロールのテクニックを 2 つ紹介します。

　まずは怒りの温度計です。これは英語では「スケールテクニック」と呼ばれています。

　怒りの感情のコントロールが難しいのは、怒りという感情が目に見えないからです。目に見えないものはなかなか扱いにくいものです。ということは逆に言えば、目に見えるようにすればいいわけです。

　私達は何かを比較する時に数字を使います。例えば、気温、体温、偏差値、体重、容量、時間といったもので、それぞれ数字で測ることができるので、対象とするものがどれくらいの規模なのかが理解しやすくなります。

　怒りの感情にも温度を付けてみることで、自分が今どれくらいの強さで怒っているのかを理解します。これからは怒りを感じたら、イラストのような温度計を思い浮かべてください。

　0 を穏やかな状態、10 を人生で最大の強い怒りと考えます。そして怒りを感じたら、自分が今どの程度の温度で怒っているのか点数を付けてみるのです。

怒りの温度計

10　人生最大の怒り

5

0　穏やかな状態

（出典：日本アンガーマネジメント協会『テキスト』2021年）

　では早速やってみましょう。先程のアンガーログを使ってみましょう。アンガーログに書いた怒りの温度はどれくらいだったでしょうか。できたらアンガーログからもうひとつ、2つの事例の怒りを取り上げて、点数を付けてみましょう。

　いかがですか。どれくらいの点数を付ければよいのか、最初はあまりピンとこないかもしれません。また10という人生最大の怒りをどれくらいに設定すれば良いのかもなかなかわからないでしょう。

　人生最大の怒りというのは、まだ経験したことはないでしょう。これからも経験することはまずないでしょう。人生最大がどれくらいかといえば、動物が怒った時に例えるなら、目の前の脅威を殺めるくらいの強い衝動になるからです。

　もし普段の生活、仕事の中であなたが8、9、10といった怒りを感じているようであれば、それは明らかに温度を高く付けすぎていることになります。

　温度を付け始めると、最初のうちは点数が定まらずに行ったり来たりを繰り返します。「この怒りを5にするとこの前の8はおかしいな」「これを3にするとあの怒りが1ということはないな」といった具合です。温度を付け続けていると、次第に自分がどの程度の怒りを感じているのかすぐに点数付けができるようになるでしょう。

　温度を付けることによって、6秒待つと同時に、今どれくらいの強さで自分が怒っているのか、客観的に見られるようになります。また、自分の怒りの温度がわかってくると、これくらいの怒りの時は何をしよう、といった具合に対処策を用意しておくことができるようになるのも大きなメリットです。

■ 気持ちの落ち着く言葉

　温度が付けられたら、次に気持ちの落ち着く言葉を自分に投げかけます。これは英語では「コーピングマントラ」と呼ばれるテクニック

です。コーピングは対処する、マントラは呪文のことです。

　イライラしている時、あるいは気持ちがざわざわしている時、誰かに優しい言葉をかけられると少しほっとしたり、気持ちが落ち着いたりした経験があると思います。それを自分自身で行います。自分に気持ちの落ち着く言葉を投げかけて、気持ちを落ち着かせるのです。

　気持ちを落ち着かせる言葉は何でも構いません。自分が気に入るもの、言いやすいものを考えて選ぶとよいでしょう。例えば次のようなものがあげられます。

　　「まあ、なんとかなるさ」
　　「大丈夫、大丈夫」
　　「落ち着け、問題ない」
　　「これくらい大したことない」　　　　　　　　　etc.

　このように、気持ちが落ち着く言葉を用意しておき、イラッとした時、怒りの温度を付けたら、この言葉を自分に投げかけてみてください。こうすることで怒りの感情で反射をすることなく、6秒待ち、その場をまずは凌ぐことができるようになります。

　さあ、あなたの気持ちが落ち着く言葉を考えて、書き出してみましょう。どのような言葉がお気に入りのものになりそうでしょうか。

　　〈私の気持ちの落ち着く言葉（コーピングマントラ）〉

10 私達を怒らせるものとは

　私達は一体何に怒っているのでしょうか。怒るには理由があるはずですが、その理由とは一体どのようなものでしょうか。

　仕事をしていればイラッとすること、怒りを感じることはいろいろとありますが、本当のところ自分がなぜ怒っているのかを理解している人はほとんどいません。

　自分が怒っている理由くらいわかっていると思っているかもしれませんが、次の例で一緒に考えてみましょう。

> **例**
>
> 　終業時間間際になって、明日の朝までに終わらせておかなければいけない会議の資料作りが終わらないと部下が言ってきました。部下にはお昼休みに今日中に終わるか確認したところ、大丈夫という返事だったので安心していたのですが。さらに、終わっていないという内容が半分程度しかできていないというレベルでした。

　こんな場合、あなたは、部下はなぜもっと早く言わなかったのか、なぜこの時間になって言ってくるのか、どうして今の時間までかかって半分程度しかできていないのか等々、怒りを感じるでしょう。

　さて、この時あなたが怒っている理由はなんでしょうか。部下その人に怒りを感じているのでしょうか。それとも終業間際に言ってきたことでしょうか。あるいは半分しかできていなかったことでしょうか。

問　題	あなたが怒る理由は誰かでしょうか。それとも出来事でしょうか。それともそれ以外でしょうか。

（出典：日本アンガーマネジメント協会『テキスト』2021年）

　いかがでしょうか。意外と難しかったのではないでしょうか。誰かと言われれば誰かのような気もするし、出来事と言われれば出来事のような気もする、あるいは特定の誰かがその出来事をしているからのような気もするし…、などです。誰かなのか、出来事なのかで考えようとすると、はっきりと決められません。

　なぜでしょうか。答えは実に簡単です。私達は誰かにも、出来事にも怒っていないのです。だからどちらということができなかったのです。

　実は、私達が怒っている理由は「べき」という言葉です。「〜するべき」「〜するべきでない」の「べき」です。英語では「should」です。

　この、自分が信じている「〜べき」が目の前で裏切られた時に私達は怒りの火花を散らします。

　例えば、「マナーは守るべき」と思っている人は、目の前にマナー違反の人がいればイラッとします。「公務員はこうあるべき」と思っている人が、自分の思っている公務員像とは違う言動をする職員を目の当たりにすれば、頭にきます。

　その他にも、仕事はこうするべき、部下はこうあるべき、役所はこうあるべき等々、実にいろいろな「〜べき」があります。

　先程の例題でいえば、怒りの裏にあったのは「事前に相談するべき」「これくらいの量の仕事はできるべき」「もっと早い時間帯に言うべき」といった「〜べき」が裏切られたからです。

　つまり、自分にどのような「〜べき」があるかがわかれば、あるいは周りの人がどのような「〜べき」を持っているかがわかれば、いつ、誰が、どこで、どうやって怒るのか全部わかるようになるのです。

　私達が怒る理由は誰かや出来事といった自分の外にあるのではなく、実は全部自分の中にあったのです。

11 怒りが生まれるメカニズム

　私達が怒る理由は自分の外ではなく、自分の中にある「〜べき」であることはとても良いことです。

　もし、あなたが怒る理由が誰かや出来事といった自分の外にあるものであれば、あなたは誰かや出来事に振り回される感情の奴隷になってしまいます。自分の中に自分の考え、感情を決める原因があるからこそ、自分の考えに、そして自分の感情に、自分で責任を持つことができ、ひいては自分の人生を生きることができるのです。

　私達が遭遇する人、出来事に意味はありません。その人、出来事に意味をもたらすのは自分です。自分がその人、出来事をどう受け止めるかによって大きく意味が変わります。

　例えば、上司から仕事上のミスについて叱責を受けた時、もしあなたが、「何言ってるんだ。これくらいのミスを大目に見ないなんて上司としてなってないよ」と捉えた（意味付けをした）とします。するとこの時に生まれるのは怒りです。

　もし同じ出来事があったとして、その時に「あぁ、そうか。上司は自分に期待してくれているからこんなに細かいところまで見てくれているんだな。ありがたいな」と意味付けをしたらどうなるでしょうか。そこで生まれるのは、怒りではなく、嬉しい、ありがたいといった怒りとは反対と言ってもいい感情です。

　つまり、あるひとつの出来事を目にしたとして、それに対してどのような意味付けをするかで、その後に生まれる感情はまったく違ったものになるのです。そして、その意味付けができるのは、他ならぬ自分しかいないのです。

怒りが生まれるメカニズム

（出典：日本アンガーマネジメント協会『テキスト』2021年）

　私達の怒りは、イラストにあるように出来事→意味付け→感情という流れで生まれます。

　ここでは、先に書いたアンガーログを振り返ってみましょう。アンガーログにはどのような出来事が書かれているでしょうか。

　アンガーログを見て、出来事、意味付け、感情の3つに分解してみてください。

〈例〉

出来事	窓口対応をしていたところ、いきなり横柄な態度で文句を言われた。
意味付け	いきなり人にそういう態度をとるなんて失礼だ。常識知らずな人に決まっている。
感情	戸惑い。軽いイラッ。

12 ▶ 不都合な意味付けをしているなら意味付けを変える

　アンガーマネジメントでは、自分が信じている「〜べき」を「コアビリーフ」と呼んでいます。これは自分の中にある辞書のようなもので、出来事を意味付けする際、このコアビリーフに照らし合わせて考えます。

　例えば、コアビリーフに「部下は言うことを聞くべきもの」というものがあったとします。そう信じている上司に対して部下が意見を言った時、その上司は部下が自分に意見を言っているというのはどういうことかを考えます。すると自分の辞書には「部下は言うことを聞くべきもの」と書かれているので、部下が意見をしてきていることは間違っているもの、あり得ないものとして意味付けがなされます。

　どのような意味付けをしても本人の自由なのですが、もしその意味付けが大きく歪んでいるようなものであれば、それは変えた方がいいです。

　歪んだ意味付けは、そう意味付けをすることによって、本人にとっても周りの人にとっても、長期的に見た時に健康的ではないものです。

　例えば、先程の例であれば、部下は言うことを聞くべきものというのは、行き過ぎたコアビリーフといってもいいでしょう。行き過ぎているから歪んだ意味付けをして、部下に対して不用意に怒りを感じてしまうのです。部下だって意見を言うことはありますし、意見を言うことは、必ずしも反抗しているということにはなりません。

　人は誰しも少なからず歪んだ意味付けをするものです。なぜなら、コアビリーフは各人がかけている色眼鏡のようなものであり、現実を見る時に無色透明なまま見るのではなく、自分なりの色をつけた状態で見るからです。

■ 自分のコアビリーフを探す

　自分を怒らせる本当の正体は、自分の中にある「〜べき」でした。この「〜べき」を知ることで、自分が本当のところなぜ怒っているのかがわかります。

　正確に言えば、私達を怒らせるものは「〜べき」ではなくコアビリーフです。「〜べき」はコアビリーフを象徴的に表す言葉として便宜的に使われています。

　コアビリーフは、「〜べき」の他に、「常識」「当たり前」「普通」「〜のはず」といった言葉でも表現することができます。

　アンガーログをつけたら、べきログもあわせて付けることを強くお勧めします。そうすることで、自分の怒りに向き合いやすくなるからです。

コアビリーフと象徴する言葉の関係

（出典：日本アンガーマネジメント協会『テキスト』2021 年）

■ べきログの付け方

　べきログは特にフォーマットは決まっておらず、自由に書けば良い
ものです。アンガーログの横に書いても構いませんし、アンガーログ
とは別に書き出しても良いでしょう。

　アンガーログがその場でササっと記録するのに対して、べきログ
は、ゆっくりと時間がとれる時に、気持ちを落ち着かせて取り組める
時に付けてください。べきログは自分の分析です。分析するからには
頭が冷静で気持ちは落ち着いている必要があります。

　自分のべきを見付ける時は、「〜べき」の他に、「常識」「当たり前」
「普通」「〜のはず」といったコアビリーフを象徴するような言葉に注
目すると見つけやすくなるでしょう。

　では早速べきログの付け方を例題で一緒に学んでみましょう。

> **アンガーログ例**
>
> 「車で割り込まれたのにハザードを出してのお礼もなかった」

　さて、このようなアンガーログが付いていた場合、どのようなコア
ビリーフが隠れているのかを考えます。おそらくこういったコアビ
リーフが隠れているのではないでしょうか。

> **コアビリーフ例**
>
> 「割り込ませてもらったらお礼にハザードを点滅させるべき」

　このような感じです。「お礼にハザード点滅させるのが常識だろ」
「お礼に手を上げるくらいすればいいのに」のようにいろいろな言い
方、表現はあると思いますが、それは問題ありません。ポイントは自
分の中にどのようなコアビリーフがあるのかが何となくでもわかれば
いいのです。

　自分のコアビリーフがわかれば、自分が頭にきた時になぜ怒りを感じているのかがわかるようになり、理由がわかることで、これからどう対処していけば良いのか、大きなヒントを得ることができます。

　アンガーログとべきログの例をいくつか見てみましょう。

　アンガーログ例 ①

「市民がいきなり窓口で怒鳴ってきて本当に不愉快だった」

▶べきログ例

「いきなり怒鳴るべきでない。職員にだって敬意を払うべき」

　アンガーログ例 ②

「上司が決断してくれないから話が進まなくてイライラする」

▶べきログ例

「上司なら決断をさっさとするべき」

　アンガーログ例 ③

「何度も言っているのに子どもが部屋を片付けなくて腹が立つ」

▶べきログ例

「一度言われたことは聞くべき。部屋は片付けるべき」

　アンガーログ例 ④

「電車の中でマスクをしながら大声で会話している人がいて、不愉快だ」

▶べきログ例

「コロナ禍なんだから、電車の中ではマスクをして大人しくするべき」

Column

「～べき」の扱いは難しい

　私達を怒らせるものの鍵になるのは自分が信じている「～べき」で、それはアンガーマネジメントではコアビリーフと呼ばれると説明しました。

　このコアビリーフを上手に扱えるようになると、アンガーマネジメントの上達は早まるのですが、コアビリーフは扱うのが難しい理由がいくつかあります。

1　すべて正解

　誰がどのようなコアビリーフを持っていようと、それは少なくとも本人にとっては正解になります。極端な話、反社会的なコアビリーフでさえ、本人にとっては正解といえてしまうのです。

2　程度問題

　多くのコアビリーフは程度問題です。同じコアビリーフを持っていたとしても、程度が違うことはよくあります。例えば、目上の人は敬うべきというコアビリーフがあったとして、どれくらいのことをすれば敬うことになるかは人それぞれで違ってきます。

3　時代、場所、立場等によって変わる

　置かれている環境によって変わることもよくあります。例えば、昔は誰にでも挨拶するべきというのが当たり前だったかもしれませんが、現在は防犯の観点から知らない人には挨拶するべきでない、とまったく逆のコアビリーフが当たり前と考えられる場合もあるのです。

13　思考のコントロール＝怒ることと怒らないことの境界線を作る

アンガーマネジメントの目的は怒らなくなることではありません。怒る必要のあること、怒る必要のないことの線引きができるようになり、怒りの感情で後悔をしなくなるということです。

そのためには、思考のコントロールというステップで、自分の怒る必要のあること、ないことの境界線を作ります。

思考のコントロールでは、次の図のような三重丸を使います。

思考のコントロール（価値観の三重丸）

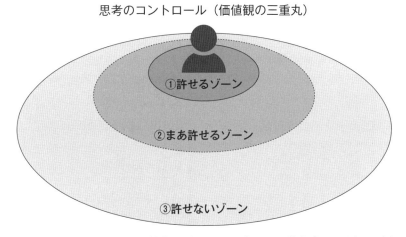

①許せるゾーン

②まあ許せるゾーン

③許せないゾーン

(出典：日本アンガーマネジメント協会『テキスト』2021年)

一番中心にあるのは「許せるゾーン」です。ここは自分が信じている通りに物事が進んでいる状態です。いわば100点です。

例えば、マナーは守るべきというコアビリーフを持っている人がいるとして、目の前にいる人達が自分が思う通りにマナーを守っている状態です。

二番目にあるのが「まあ許せるゾーン」です。ここは自分が信じていることとはちょっと違うけれど、まあ許せると思えるゾーンです。

マナーの例でいえば、完璧とはいえないまでも、まあそれくらいな

ら許容範囲だろうという程度にマナーが守られている状態です。

　そして一番外にあるのが「許せないゾーン」です。ここは自分のコアビリーフと照らし合わせた時、どう考えても許せない、どうやっても受け入れることができないと思えるゾーンです。

　マナーの例でいえば、明らかなマナー違反、自分では考えられないというレベルで、マナーから外れている人が目の前にいる状態です。

　この思考のコントロールの三重丸の図では、二重丸と三重丸の間にある線が最も重要な線です。なぜなら、ここが怒る必要のあることと、怒る必要のないことの境界線だからです。

　この二重丸と三重丸の間の点線の上に存在するのが「後悔」です。怒って後悔するなら怒らない方がいいし、怒らなくて後悔するのであれば怒った方がいいということです。

　この三重丸には、次の２つの大きな問題があります。

　　１．三重丸が誰にも見えない

　　２．二重丸と三重丸の間の境界線が日々動いている

　三重丸が誰にも見えないというのは、あなたが何は許せて、何はまあ許せて、どうだったら許せないのかということが周りの人はわからないということです。

　例えば誰かに怒ったとして、どうすれば100点だったのか、どうであればまあ許せるであったのかを自分から言う人はいません。何がダメだったかを言うばかりです。ですから、相手は怒られたとしても、どれくらいのことまでをしておけば怒られなかったのか、よくわかりません。よくわからないので、また同じことを繰り返してしまうのです。

　二重丸と三重丸の間の境界線が日々動いているというのは、その都度怒る基準が変わるということです。

　例えば、毎日同じように業務日報を書いているつもりなのに、ある日は怒られないのに、ある日は書き方が悪いと怒られるということで

す。すると、なぜ前回は良かったのに今回はダメだったのか、まった
くわからなくなってしまいます。

　実はこの三重丸は機嫌によって支配されています。機嫌が良い日は
二重丸目は大きくなり、割と何でも許せます。ところが、機嫌が悪い
日は二重丸目が狭くなり、普段許せることも許せなくなってしまうの
です。

　つまり、日によって、あるいは状況によって怒る基準がバラバラ
で、機嫌の良し悪しで怒るか怒らないかを決めているという状態に
なっています。

　そこで、怒る基準を機嫌ではなく、いつでも、どこでも、誰に対し
ても同じにします。そのためには、常に自分の怒るルールを決めてお
く必要があります。

　アンガーログを振り返りながら、その時の三重丸を考えてくださ
い。どうであれば「許せるゾーン」だったのか、どうだったら「まあ
許せるゾーン」だったのか。これを繰り返し考えていると、自分の中
で徐々にルールや基準が出来上がってきます。

　ルールや基準を作ることは、パワハラ予防の上でも非常に大切で
す。ルールや基準で怒るから、誰に対しても何に対してもフェアに怒
ることができます。

　フェアに怒れる人はパワハラの境界線を越えにくくなります。なぜ
なら、普段から怒るルールや基準を冷静に考えているからです。ま
た、あの人には怒らないのに、自分にだけ怒ると思われ、不信感を持
たれるようなこともありません。

14 行動のコントロール＝怒る時は行動を 4 つに整理する

　思考のコントロールで検討した結果、怒った方が良い、怒ったとしても後悔しないと考えられるのであれば、次に行動に移すのですが、その時に 4 つの行動に整理します。

　私達には変えられるものと変えられないものがあります。ここでいう変えられる・変えられないは、自分の力でコントロールすることができるかどうかという意味です。

　例えば、車で公務に向かう時、道路の渋滞は変えることができないものです。一方、部下に渋滞を考慮したスケジュールをたてるよう仕事の方法を改めてもらうということはできます。

　また、重要なものとそうでないものもあります。重要か重要でないかは、その時の立場やそこにある目的に照らし合わせて重要かどうか、ということで考えれば良いでしょう。

　例えば、車を運転している時であれば事故なく無事に目的地に着くことが最も重要でしょう。職場にいる時であれば職務を滞りなく遂行することかもしれません。

　これを整理すると次の図のようになります。

行動のコントロール

変えられる／重要	変えられない／重要
変えられる／重要ではない	変えられない／重要ではない

(出典：日本アンガーマネジメント協会『テキスト』2021年)

　怒ると決めた時、この表を思い出してください。そして 4 つの行動のどれを選べば一番良いかを考えてください。

　選ぶ時には次の質問をしてください。これはアンガーマネジメントではビッグクエスチョンと言われている、とても大切な自分への問いかけです。

> 「自分にとって、周りの人にとって、長期的に健康的な選択は
> どれだろうか？」

　怒りの感情にまかせて行動してしまったら、せっかく衝動のコントロール、思考のコントロールというステップを踏んできたことが台無しです。

　今自分が満足すればいい、今の自分の気持ちが晴らせればいいという短期的な視点ではなく、長い目で見た時にどうかという視点で考えましょう。

　それでは 4 つの行動を詳しく見ていきましょう。

① 変えられる／重要

　変えられて重要ならば、それは今すぐに取りかからなければいけない課題です。

　事例としては、部下などの行動などがあげられるでしょう。人の性格、人格を変えるのは難しいことですが、行動を変えてもらうことは十分にできます。

② 変えられる／重要でない

　変えられるけれど重要ではないのですから、今は考える必要も行動する必要もありません。

　例えば、会議中にさっき市民からミスを怒られて落ち込んだことを思い出して集中できない、といったことがあげられるでしょう。ミスは後で修正すれば済む話です。

③ 変えられない／重要

　これはまずは変えられない現実を受け入れることです。私達には変えられないものは確かにあります。その上で今できる現実的な選択肢

を探します。

　例としては、反りの合わない上司があげられるでしょう。反りをこちらにあわせてもらうのは無茶な話です。上司ですから重要な問題です。自分とはあわない人が上司という現実を受け入れ、付き合い方を変えるなどの現実的な方策を探すことです。

④ 変えられない／重要ではない

　変えられなくて重要ではないのですから、放っておくことです。関わる必要はないものとして自分から切り離す努力をしましょう。

　さて、またここでアンガーログを振り返ってみましょう。どの行動を選び、どう行動すれば、自分にとって周りの人にとって、長期的に健康的な選択になるでしょうか。ここでぜひ考えてみてください。

変えられる／重要 今すぐ努力する。 ・状況がいつまでにどの程度変わったら良いかを決める。 ・それを実現するために自分がどう行動するかを決める。	変えられない／重要 ・変えられない現実を受け入れる。 ・今できる行動を探す。
変えられる／重要ではない 今考えることではない。 行動する時はこうする。 ・状況がいつまでにどの程度変わったら良いかを決める。 ・それを実現するために自分がどう行動するかを決める。	変えられない／重要ではない ・放っておく。 ・手を放す。 ・関わらない。

（出典：日本アンガーマネジメント協会『テキスト』2021年）

15 怒ることはリクエストを伝えること

　衝動のコントロール、思考のコントロール、行動のコントロールと
ステップを踏んできて、最終的に相手に自分が怒っているということ
を伝えることになったら、どうすればいいでしょう。

　本書では一貫して、怒ることは間違いではないと書いてきていま
す。実際怒ることは悪いことではありません。また本書のテーマであ
るパワハラについても、怒ることがイコールでパワハラになるわけで
はありません。逆に怒られたからといってパワハラを受けましたと短
絡的にいうことはできません。

　ここで怒ることの本当の目的について確認しましょう。怒る目的に
は次の2つがあります。

　　1．リクエストを伝えること

　　2．気持ちを伝えること

　怒ることというのは、相手に今どうして欲しいか、これからどう
あってほしいかなどのリクエストを伝えることです。

　怒ることは、決して相手をへこませることではないし、自分がスッ
キリするためのものでもありません。ですから、怒り上手な人という
のはリクエスト上手な人といえます。相手に自分がしてほしいリクエ
ストを聞いてもらうのが上手なので、怒った時に相手が理想通りに動
いてくれます。

　一方で、怒り下手な人はリクエスト下手な人です。怒っても何をし
てほしいのかがよくわからないので、相手は一向に言うことを聞いて
くれないと悩むことになります。

　リクエストを出すついでに、自分が怒っているという気持ちを、真
剣さの表れとして伝えることも大切です。

問題 怒っている上司が伝えたい本当のリクエストは何でしょうか？　上司が言うべきセリフを考えてみましょう。

正解　会議までにできるところまで完成させてほしい

解説　上司は午後の会議で発表する報告書が完成していないことに腹を立て、部下を責め立てています。しかし、ただ部下を責めるばかりでは何も解決できません。

ここで上司が部下に出さなければいけないリクエストは、「会議までにできるところまで完成させてほしい」です。その上で何がどこまで未完成なのかを教えてもらえれば、会議の発表の場でもどうにかすることができるでしょう。

最悪なのは、部下を怒鳴るだけ怒鳴ってそこから一歩も進めず、会議の時までイライラしながら過ごすことです。これでは会議での発表は惨憺たるものになるでしょう。

この場合の上司のセリフとしての正解例は、下記のようなものが考えられます。

「会議までにまだ少し時間がある。できるところまで完成させてほしい。せめて残りの時間は集中して取り組んでくれ」

さらには、穏当な調子で言うことです。このセリフも怒鳴って言うようであれば、リクエストは通りづらくなります。

あなたが怒る時に一番得をするのは、リクエストしたことが手に入ることです。一番損なのは何も手に入れられないことです。リクエストは一方的に出しても通じるものではありません。相手が気持ち良くリクエストを受け取ることで、初めてリクエストは通りやすくなります。

怒るのが上手な人は、相手がどうやったら自分のリクエストを気持ち良く聞いてくれるかを想像できる人とも言えます。

16　相手の権利に敬意を払いながら怒るということ

　怒ることは構わないのですが、怒る時に伝え方には気を付けなければならないことは容易に想像がつくでしょう。では、伝える時の注意点とは一体どういうことなのでしょうか。

　それは、こちらの言いたいことを感情のままにぶつけるのではなく、相手の権利に敬意を払いながら、穏当な調子で伝えることです。

　あなたにも権利があると同様に、相手にも権利があります。お互いに平等な権利を持っています。それは怒る側、怒られる側といった立場には関係ありません。

　怒られる側は怒られるようなことをして悪いのだから、そんな時に権利を主張するなんておかしい、と思うなら、それは間違っているとしか言いようがありません。

　相手に敬意を払うということは、相手には相手なりの理由があること、それを一方的に責めることはできない、ということです。

　相手の権利に敬意を払いながら相手に何かを伝える時は、相手を主語にするのではなく、自分を主語にします。自分を主語にすることで、相手を一方的に責めるような表現ではなくなります。

例

「あなたが約束を守らないのが悪いんだ」　➡ NG

「私はあなたが約束を
　守ってくれなかったことが悲しい」　➡ OK

　コミュニケーションは、相手と自分が対等であって初めて気持ちの良いやり取りができます。一方的なコミュニケーションにならないためにも、主語に気を付けてみましょう。

17　怒る時のNG態度 4 類型

　ここでは、怒る時のNG態度の4類型を説明します。怒る時にはくれぐれもこうした態度で怒らないでください。この4類型的な怒り方をしているとパワハラになる可能性が高くなります。

① 機嫌で怒る

　思考のコントロールのところで説明した通り、三重丸の図の二重丸と三重丸の間の線を機嫌によって左右することです。そうではなく、いつでも、どこでも、誰に対しても同じ基準で怒るようにします。

② 人格攻撃

　あなたが怒って良いのは、事実、結果、行動、ふるまいといったものです。逆に怒ってはいけないのは、人格、性格、能力、思い込み（事実ではないもの）といったものです。

　例えば遅刻をしたという事実を叱責することは構いませんが、遅刻をするのは社会人としてだらしないからだ、といった言い方をしてはいけません。

③ 人前で怒る

　怒る時は一対一、フェイス・トゥ・フェイスが基本です。怒られることは誰にとっても気持ちの良いものではないですし、恥につながるからです。

　見せしめのためにわざと人前で怒る人がいますが、それは反感を買うばかりで何ひとつ良いことはありません。

④ 感情をぶつける

　自分の気持ちばかりを言って、具体的なリクエストのない怒り方です。結局、怒られたとしても、相手はどうして良いのかがわからず、怒る側は怒り損になります。

| 問 題 | 次の怒り方の態度での問題点は何でしょうか？ |

ある日

別の日

正解　機嫌で怒っている（怒る基準が機嫌）

解説　　同じ会議室内、10時開始からの会議。ある日は10時を過ぎているのにメンバーが揃っていなくても談笑をしています。ところがある日は、10時前だというのに会議室に入ってきた部下に上司が「会議は10分前に集合するのが常識だろ！」と怒鳴っています。

　これはもうおわかりのように、怒る基準がルールではなく、機嫌になっていると言えます。

　例えば10時までに入室していれば「まあ許せるゾーン」と決めているとします。そうすると、この例に当てはめるのであれば、次のようになります。

【機嫌が良い日】

　　会議に誰かが1分遅れてきたとしても、会議の集合時間は守るようにと穏やかに注意する。

【機嫌が悪い日】

　　10時数分前に誰かが入室してきたとしても怒鳴り付ける。

　これでは怒られる側も相手の怒る基準がわからないので、行動を改めさせることは難しいでしょう。

　また、大切なのは人によってもルールを変えないということです。Aさんがやったら許すけれど、Bさんがやったら許さないでは、ルールを動かしていることになります。

　いちいち怒るルールを決めるなんて面倒くさいと思われるかもしれませんが、上手に怒るためには努力が必要です。ルール決めは最初大変かもしれませんが、一度決めてしまえば後はルールに従うだけです。

　相手がどう思うかな、これを言ったら悪いかな、雰囲気が悪くなるかな、などといちいち心配せずに怒れるようになるので、怒ることが非常に簡単になります。

Column

怒りっぽい人と怒りっぽくない人の違い

　世の中には、怒りっぽい人とそうでない人がいます。その違いは何かといえば、許容度の違いです。物事や人に寛容であれば、その人は怒ることはあまりありません。

　寛容である、許容度が高い人は、思考のコントロールの三重丸の二重丸目、「まあ許せるゾーン」の大きい人です。

　「まあ許せるゾーン」が大きいので、大体のことは「まあそれくらいで怒る必要もないか」とスルーすることができます。ムダにイライラしたくないのであれば、この「まあ許せるゾーン」を拡げる努力をした方が良いでしょう。

　本来、三重丸で言えば、人は基本的には「まあ許せるゾーン」が一番広いはずです。

　例えば、私達は毎日食事をしますが、100点満点の食事というのはなかなかなくて、でも毎日美味しくご飯は食べられていると思います。100点の食事が毎食ではなく、ほとんどの食事は「まあ許せるゾーン」の食事ではないでしょうか。

　「まあ許せるゾーン」の食事なんていうと、作ってくれた人に失礼に聞こえるかもしれませんが、100点以外ですから、99点であっても「まあ許せるゾーン」です。

　ただ、誤解しないでほしいのは、アンガーマネジメントは何でもかんでも許せばいいというものではありません。怒る必要があるのであれば、それは自信を持って怒ればいいのです。

　ある程度「まあ許せるゾーン」を拡げたら、なるべくその境界線を動かさないようにするという努力が、実は一番大切で、一番ハードルの高いものです。これは自分なりのルール、基準を決めて、機嫌に左右されず怒るかどうかを判断できるようになることを意味します。

18　怒る時のNGワード 4 類型

　怒る時の態度にNGなものがあるように、怒る時に使ってはいけないNGワードもあります。NGワードを使うことで、怒られている側は怒っている側に不信感、反発心を持つようになり、リクエストが通りにくくなります。

① 過去を持ち出す言葉

　「前から言っているけど」「何度も言っているけど」といった言葉が当てはまります。なぜ使ってはいけないかというと、怒られている側からすれば、今は関係ないのになぜ前のことを持ち出すのだろうと不信感を募らせるからです。

② 責める言葉

　「なんで？」「なぜ？」といった言葉です。怒っている側は理由を聞きたくなるのが人情というものですが、怒られている側からすれば、理由を聞かれれば聞かれる程、責められていると思ってしまいます。責められたと思うと、その場から逃げたいという気持ちが強くなるので、出てくる言葉は言い訳になります。

③ 決め付け言葉

　「絶対」「いつも」「必ず」「みんな」といった言葉です。本来はこれらの言葉は100％という意味です。怒る側が「いつも」と使えば、怒られている側は「いつもじゃないのに」と思ってしまいます。

④ 程度言葉

　「ちゃんと」「しっかりと」「きちんと」といった言葉です。これらの言葉は使いがちではあるのですが、「ちゃんと」というのがどれくらいの程度のことを指しているのか、実はよくわからない表現なので、相手には伝わらない言葉になります。

問 題　次の人のセリフの中のNGワードは何でしょうか？

正解　セリフ全てがNGワード

解説　いかがですか。そうですね、正解は、セリフすべてがNGワードでした。NGワードの四重奏とも言えるようなセリフです。でも、実際にはこういうセリフで怒っている人は多いのではないでしょうか。

なぜ人はこうしたNGワードを使って怒っているかというと、怒る時にあまり考えていないからです。

例えば、「何度も言ってるけど」の「何度」というのは、本当は何回のことなのでしょうか。数を数えたことがないので、適当に「何度も」と言っているのではないでしょうか。

「いつも」というのは、本当に「いつも」なのでしょうか。多くの人が使う「いつも」は大抵、大体という意味であって、100％、絶対、必ずではありません。そんなの一緒というのは怒る側の理屈であって、怒られている側からすれば、「いつも」は嘘で、嘘を言われながら怒られていると受け止めます。

「ちゃんと」というのも、水掛け論になる表現です。片方は「ちゃんとやってない」と言いますし、片方は「ちゃんとやってる」と言います。

怒ることは、実は本当は大変なことなのです。相手を見ていなければいけないし、正確な表現をしなければいけません。ところがそんなことをするのは面倒臭いし、普段からしていないので、怒る時はどうしても大雑把、正確でない表現を使って怒ってしまうのです。

怒るのには努力が必要です。これまで怒ることについて努力をしてこなかったので、今、「怒るが伝わらず」に困っています。

ここまで学んできたアンガーマネジメントのテクニックを使って、これからは、怒ることについて、少しずつ努力していきましょう。

第2節　パワハラ防止のためのアドバイス

1　普段からの人間関係を大事にする

　パワハラで問題になることが多いのが、最終的には個別の事案については、その状況などによって該当するのか、しないのか変わり得てしまうことです。

　また、パワハラかどうかその判断の難しさが増す要因のひとつが普段からの人間関係です。裁判でも普段の人間関係がどうであったかということが検討されます。

　パワハラ防止のポイントとして最も大事なことは、普段からの人間関係です。常日頃から人間関係を良好なものにできれば、パワハラが発生する確率はぐんと下げることができます。

　普段から良好な人間関係が保たれ、お互いに信頼し合える間柄であったと認められた場合と、普段から険悪な雰囲気だったり、明らかに周りから見て人間関係が上手くいっていないと思われていたりする場合とでは、同じ行為をしたとしても、それがパワハラに認定されるのかどうかには大きく差が生まれます。

　コロナ禍になってからリモートワークが中心になった人もいるでしょう。リモートワークになると、どうしても人間関係が希薄になりがちです。それはコミュニケーションの量が対面で働いている時よりも少なくなってしまうからです。

　人間関係を良好にするためには、コミュニケーションの量を増やすことは絶対的に必要です。コミュニケーションの量が減れば、お互いに疑心暗鬼になったり、人間関係がこじれたりしやすくなります。

　もしリモートワークが多くなり、以前よりも対面で働く時間が減っているようであれば、以前よりも意識してまめにリモート会議やチャットなどでコミュニケーションの量を増やしましょう。あなたは職場の同僚、部下、先輩、後輩などとどれくらいのコミュニケーションがとれているでしょうか。

　実は私達はコミュニケーションがとれているようであまりとれていません。極端な話、ストップウォッチを持って、誰とどれくらいの時間話しているかを計測したら、職場の同僚とは一日に数分程度にしかならないでしょう。

　コミュニケーションの量とともに大切なのが、コミュニケーションの質です。質というのは、コミュニケーションの内容になります。

　コミュニケーションの質を上げるために大事なのが、積極的な自己開示といわれています。自己開示とは、自分のことを包み隠さずに話すということです。

　職場の人間関係ですから、話す内容はもちろん仕事に関連したことが多くなるでしょう。また、職場で無駄話ばかりするのは好ましいものではありません。

　ただ、人との関係を良好にするためには、自分自身のことを積極的に話すことも必要です。自分から素直に自分のことを話していれば、相手も胸襟を開いて話をするようになってきます。お互いに自分のことを話すことができるような間柄とは、信頼関係が築けている関係といえます。

　リモートワークになることで良くも悪くも同僚達と世間話やとりとめもないことを話す時間が減りました。例えば毎朝のミーティングの際に最近気になっていること（仕事、仕事以外でも）、取り組んでいることなどをシェアする時間をあえて作るのも良いでしょう。

　パワハラの被害者は、相談窓口にパワハラ被害を相談に行くことが多いですが、その場合、パワハラの行為者とは一切話すことなく相談

窓口に行くことがほとんどです。それは普段からの人間関係ができていないからです。

　良好な人間関係であれば、相談窓口に相談に行く前に、一度一緒に話し合うことができます。

2　指導者が知っておきたいパワハラ防止のコツ

（1）部下の性格を理解して指導する

　人は感情の生き物といわれています。また当たり前のことですが、人には個性があり、性格があります。誰もが同じようには考えませんし、同じような行動もしません。

　この当たり前のことをおろそかに考えていると、部下との間で行き違いが多くなり、ひいてはパワハラになってしまうことがあります。

　人の性格は複雑なものですが、パターンで捉えることもできます。例えば、行動的な人、慎重な人といった具合です。

　行動的な人は良くも悪くも後先考えずに行動します。時には上司に許可をとる前に行動したり、事後報告ばかりが目立ったりということもあるでしょう。

　こうした部下に対して、慎重に行動しろと叱責してもなかなか上手くいきません。相変わらず先に行動するでしょうし、何度言っても慎重に考えてくれません。

　であれば、慎重に考えさせるのではなく、積極的に相談しに来るように指導すれば良いでしょう。一人で考えさせるのではなく、相談させることで、その人の性格や行動特性にあった指導ができます。

　逆に、慎重に考えすぎて手を動かすのが苦手な人については、慎重に考えるのが癖なので、どうすれば行動に移すことができるのかを一緒に慎重に考えれば良いのです。ハードルの低いスモールステップを作り、行動しやすくするのも指導のうちです。

　これを、動かないからといって、怒鳴ったり必要以上にプレッシャーをかけたりすると、相手は精神的にまいってしまったり、場合によってはパワハラになりかねません。

　指導は相手に伝わってこそ初めて意味があります。この指導方法が絶対に正しいという単純なものではないということです。

（2）価値観の違いを受け入れる

　私達が怒るのは、ごく簡単にいってしまえば、自分の信じているコアビリーフが目の前で裏切られた時とお話しました。

　「部下はこうあるべき」「仕事はこうするべき」など、私達にはいろいろなコアビリーフがあり、それは人によって違うものでした。また、コアビリーフは少なくとも信じている本人にとっては正解であるという特徴もありました。

　今、世の中ではダイバーシティ（多様性を受け入れる）を推進することが常識になりつつあります。様々な立場、価値観の人達が活躍することで、社会全体を良くしていこうという動きです。

　これまでは、どちらかというと価値観は一緒であることが望ましいことと考えられていました。例えば、終身雇用、上司が残業している間は帰らない、職場の飲み会には参加するものなどといった、ルールではないがなんとなく皆で共有ができているようなものがありました。

　ただ、これからの時代はそうしたことは求められなくなります。むしろ、同じ価値観を強要することは、前時代的なものとして受け入れられません。

　人の価値観はそれぞれです。職場での職員の価値観もバラバラであって構わないのです。これからのリーダーに求められるのは、価値観を一緒にすることではなく、価値観がバラバラの人達が一丸となって動けるようなルールを上手に作り、組織をまとめ上げる力です。

　自分と違う価値観の人を排除するのではなく、受け入れる選択ができなければ、今後の組織では上手く機能しない上司になることは間違いありません。

3 パワハラを受けないためのコツ

（1）自分が見られていることを意識する

　あなたも街中や駅などで、すれ違いざまに「あれっ、この人どこか
で会ったような？」「うわっ、なんとなく怖そうな人だな」「なんだか
優しそうな人ね」といった具合に、見ず知らずの人を勝手に評価した
ことがあるのではないでしょうか。

　私達は人のことをよく見ています。見ながら、何かしらの評価をし
ています。その評価はこれまでの経験から出来上がってきているもの
なので、人それぞれです。それが正解かどうかは誰にもわかりませ
ん。ただ、そのように自分なりに勝手に人を評価することは誰もがし
ています。

　これが職場の同僚、上司であればなおさら、無意識のうちに評価し
ています。表情、態度、声の大きさ、声のトーン、ふるまい、仕草、
雰囲気といったものを受け取り、個人が勝手に評価しています。誰か
らも評価をされずに職場にいるということはできないのです。

　仮にあなたが所属長であったとしても、部下から同じように評価さ
れています。企業には360度評価制度といって、上司であっても部
下、同僚などから評価を受ける制度を採り入れているところも数多く
あります。自治体で360度評価を人事考課に導入しているところは一
般的ではないと思いますが、人事考課に関係ないからといって、他の
人からの評価を放っておいて良いということにはなりません。

　あなたは、自分自身が周りからどのような評価をされているのか
知っているでしょうか。自分が評価する自分と、周りの人が評価する
自分では、往々にして違っているところがかなりあります。

　常に自分は他人から評価されているということを受け入れ、自分が
どのような評価をされているのかを知ることも、とても大切です。恐
れずに周りの人に自分の評価を聞いてみると良いでしょう。

（2）職場で孤立しない

　パワハラをされた時、あるいはされそうな時、自分の身を守るのは自分しかいません。勇気を持ってパワハラの行為者と話し合いをする、相談窓口に相談するといった選択をしてほしいです。

　絶対にしてはいけないのが泣き寝入りです。泣き寝入りすることは、あなた自身にとっても、行為者にとっても、他の人にとっても何ひとつ良いことはありません。

　あなたが泣き寝入りをすれば、あなたは傷付くだけです。行為者は自分の行為が問題ないと勘違いをし、さらに攻撃してきたり、あるいは他の人に同様の行為をしたりするかもしれません。

　ただ、そうはいってもパワハラの行為者と話し合うことができないという人も多いでしょう。

　そんな時に力強い味方になり得るのが職場の仲間です。相談窓口は、確かに相談は受けてくれますが、実際にその現場を見ているわけではありませんので、自分の状況を理解してもらうのに時間がかかったり、正確に伝わらなかったりすることが多々あります。

　その点、職場の仲間であれば、実際にパワハラの現場を見ていますので、状況を共有することが非常に簡単です。また、あなたの立場に対して共感もしてくれます。

　職場で孤立してしまえば、あなたが苦しくても助けの手を差し伸べてくれる人が身近にいないので、非常に苦しい立場へと追い込まれてしまいます。職場では普段から積極的に同僚と信頼関係を築き、仲間として協力しあえる関係を作っておきましょう。

　一緒にパワハラの行為者のところに行き話し合いをしてくれるような、パワハラ行為を受けた時に相談できる仲間は、あなたを直接的にも間接的にも助けてくれるでしょう。

（3）NOを言えるようになる

　『「NO」と言える日本』はソニー会長であった盛田昭夫さん、政治家の石原慎太郎さんの本です。この本は日米貿易摩擦の真っ只中、日本はアメリカの言いなりになるのではなく、NOと言うべきだということが書かれています。

　この本に代表されるように、日本人はNOと言うことが昔から得意ではありません。「和をもって尊しとなす」という文化的な背景が影響しているのかもしれません。

　パワハラの行為者は、あなたが言い返さないこと、NOを言わないことにつけ込んで行為をエスカレートさせます。言い返さないこと、NOを言わないことは、受け入れられていることと勘違いをするからです。一部の人は「やめてください」「嫌です」と言われたくらいでは、それが本気ではないと考えます。

　パワハラの行為者に対してNOと言うこととは、単に行為を止めてほしい、自分は嫌ですと言うだけではなく、どういったことがパワハラ行為であり、それを続けるようであれば相談窓口に相談するなり、所属長に相談するなりの行動をします、ということまでを伝えることです。パワハラの行為者を脅すということではなく、自分の権利に従い、不法行為をされていることに対して行動を起こすことを宣言することです。

　耐えること、我慢することは美徳でも何でもありません。これくらいならまあいいかと自分が我慢することは、他の人も被害者になるかもしれないリスクを放っておくのと同じことです。

　NOを言い慣れていない人はNOを言いにくいと思います。でも、言わなければ、さらに言いにくくなるという悪循環になります。いつかはNOと言わなければいけないのであれば、今こそ勇気を持って言いましょう。

（4）知識を身に付ける

パワハラの行為者はもとより、パワハラの被害者も何がパワハラなのか実はよく理解していない人が非常に多いです。

実際、パワハラの相談窓口にくる相談者の中で、それはパワハラではなくて、単純に怒られただけではないか、あるいは相談者が悪いというケースもかなり見られるとのことです。

パワハラの相談窓口は基本的に被害者側の立場ですが、その被害者の味方ともいえる相談窓口でさえ、パワハラではないのに相談に来る人が多いと捉えているのが現状です。

パワハラを受けないためには、何がパワハラであるのか正しい知識を身に付けることが非常に大切です。そうでなければ、自分がされている行為がパワハラであるかどうかは判断できません。

パワハラは、いくら受け取り手の印象や申告が大きな判断要素になるといっても、受け取り手が「これはパワハラです」と申告すればすべてパワハラに認定されるような簡単なものではありません。

職務についていれば、厳しい叱責を受けることもあるでしょう。そうした叱責でもパワハラ認定されないものはいくらでもあります。

逆にパワハラにならないようなものまでをパワハラを受けたと喧伝することは、あなた自身の信用を落とすことになります。あなたに信用がなくなれば、あなたのことを助けてくれる人もいなくなってしまいます。オオカミ少年の話ではないですが、肝心な時に誰も信じてくれなくなっては元も子もありません。

パワハラに対する正しい知識を身に付けること、そして情報を持つことは、あなた自身を守る最大の防御となります。本書を機会にパワハラに対する知識を深めていきましょう。

（5）職務を適切に果たす

　職務を適切に果たしていれば、仮にパワハラにあったとしても、もめることなくすぐに解決するでしょう。なぜならば、パワハラの被害者側は何の落ち度もなく職務を果たしているからです。

　これは、パワハラを受けている人が職務を果たしていないということではありませんので、誤解しないでください。

　ただ、ここで言いたいことは、何をもってして職務が果たされていると考えられるか、認められるかです。

　自分自身の職務が適切に果たされているのは、一体どういう状態のことでしょうか。実はこの質問に答えられる人はなかなかいないのではないかと思います。なぜならば、日本の労働の慣習として、各人の職務記述書が明確になっていることがほぼないからです。

　海外では職務記述書は一般的です。これはあるポジションにいる人の役割はどういうものであり、仕事内容は何であり、成果はどのようなものかが細かく記述されているものです。

　日本でも各人の担当業務というのは振り分けられていますが、職務記述書は人に付くものではなく、ポジションに付くものです。誰がそのポジションになっても、同じ職務内容になります。

　職務記述書がない場合、どのように自分の職務を定義すれば良いかといえば、それは所属長との話し合いになります。所属長がどのように職務を割り当て、成果はこうであると定義をしていれば、自分が適切に職務を果たしているのかどうかが明確になります。

　職務の内容が定義されていなければ、やっている、やっていないの水掛け論がいくらでもできてしまいます。自分の職務は一体何であるのかを所属長と話し合い、言語化して、誰の目にもわかるようにしておくことも重要です。

（6）人を信頼する

　あなたは、人を信頼するということができているでしょうか。あなたが人を信頼すれば、相手もあなたを信頼するものです。逆にあなたが相手を警戒すれば、相手もあなたのことを警戒します。

　あなたが人を信頼しやすい人なのかどうか、簡単にわかる方法があります。それはあなたが誰かを見た時に、自分と同じところを見付けるのが得意なのか、自分と違うところを見付けるのが得意なのか、どちらなのかです。

　自分と同じところが見付けられる人は、人を容易に信頼することができます。自分と同じところが見付けられるのは、相手に対して好意的な目を向けやすいからです。

　恋愛を考えてほしいのですが、相手に好きになってほしい時、あるいは自分が誰かを好きな時、考えることは相手と自分の何が一緒かです。趣味が同じ、好きな食べ物が一緒、考え方が似ている等々、自分と同じところ、似ているところを探します。

　一方で自分と違うところを探すのは、いかに相手が自分と違うか、異質であるかを探すことです。嫌いな相手、気の合わない相手については、自分と違うところばかりに目がいくのではないでしょうか。

　価値観が違う、仕事の姿勢が違う、見方が違う、生き方が違う等々、自分と違うところを見付ければ見付けるほど、相手のことはさらに嫌いになり、信頼できなくなります。

　人を信頼する人、人を信頼しない人、どちらの方がパワハラを受けやすいと思いますか。自分に敵意を向けてくる人には、相手も敵意を向けやすくなります。お互いに積極的に信頼し合う、好意を向け合うことは確かな人間関係を作るための基礎です。

（7）相手を理解する

（6）では、自分と違うところを見付ければ見付けるほど、相手のことを嫌いになると説明しました。つまり嫌いな相手ほど、理解しようとする努力をしていません。理解する努力をしないので距離感は遠くなるばかりです。

自分と違う人を好きになったり、理解したり、信頼関係を結ぶのは簡単ではありません。どちらかといえば難しいと言えるでしょう。だからといってそのままにしておけば関係はどんどん悪くなる一方です。

あなたは、自分のことを理解してくれようともしない人に心を開くでしょうか。

あなたが胸襟を開いてざっくばらんに話ができる相手は、あなたのことを理解している人です。理解ができていなくても、少なくとも理解しようと努力をしている人です。

自分と違うタイプの人、自分とは価値観、考え方が違う人が世の中にいることは自然なことです。自分と違うから理解できないということはありません。自分とは違うけれど、なるほどそう考える人もいるんだなと、その違いを理解することはできます。

誰にも承認欲求があります。誰かに認められたい、理解されたいというのは非常に強い欲求のひとつです。今の時代、SNS等で盛んに自分が何をしているのかをアピールするのは、自己承認を求めているからです。

パワハラの被害にあわないためには、自分と違う人を理解することがとても大切です。あなたが誰かを理解しようとする行為は、その人にとってはとても嬉しいことであり、嬉しいことをしてくれる人に人は攻撃などしないものです。

Column

気持ちを理解しろというリクエストは成立しない

　怒ることはリクエストを出すことで、多くの人はリクエストが出せていないと説明してきましたが、中には自分はいつもリクエストは出せていると思っている人がいるかもしれません。でも、その多くの人が思っているリクエストは、「自分の気持ちを理解しろ」というリクエストになっていることが多く、それは伝わらないリクエストになります。

　「なぜ報告してこなかったんだ！？私がどれだけ迷惑するかわかっているのか！？」

　このセリフの中にリクエストは入っていません。入っているのは「なぜ報告をしなかったのか？」「迷惑するかわかっているのか？」という2つの質問だけです。100歩譲って入っているとすれば、それは「私がどれだけ迷惑するかわかれ」というリクエストです。

　でも、残念ながらこのリクエストは成立しません。なぜなら、怒られている側が「それくらいはわかってます」と答えたとしても、怒っている側は「いや、お前はわかっていない」とかぶせて怒るからです。

　なぜ気持ちを理解しろというリクエストが成立しないかといえば、どうなったら気持ちを理解したことになるのか、誰にもわからないからです。

　怒る時のリクエストが成立する条件は、リクエストに対する行動を第三者が見た時に、できているかどうか評価できることです。

第 3 章

具体例で学ぶ
アンガーマネジメント活用法

事例について

　本章では、事例（ケース）をあげながら、アンガーマネジメント的にどう考えれば、対処すればパワハラにならなかったのか、あるいはパワハラに相当するようなことをせずに済んだのかをケース研究として見ていきます。

　ケース研究の良いところは、その場面をイメージしやすいことです。実際の物語がそこにありますので、まるで自分がその当事者のように、そこにいたように考えることができます。

　ケースを読む時は、自分が当事者であればどう考えていただろうか、どう行動していただろうかを、ぜひ考えてください。

　ケースにはパワハラの行為者、被害者、それを取り巻く人達が登場します。当事者になるというのは、そのすべての立場から物事を見てみるということです。

　物事は「主観」「客観」「事実」の 3 つの視点で見ることができます。主観というのは自分目線でのこと、客観というのは相手や第三者目線でのこと、そして事実というのは、動かしがたい真実のことです。

　この 3 つは大体の場合において一致しません。なぜなら主観にも客観にも必ず誰かの解釈が入ってしまうからです。

　この 3 つの視点で見ることができるようになると、自分がどのような場面にいても、冷静さを欠かずに物事に向き合ったり、対処したりすることが容易にできるようになります。

　また、相手の立場に立つということも上手にできるようになるので、良好な人間関係を築いたり、相手の気持ちに配慮したり、独りよがりになって独善的な判断をすることを防いだりすることができます。

それぞれのケースは、「ケースの概要」「パワハラに至った背景（想定される要因）」「アンガーマネジメント的な対処術」「本ケースで使えるアンガーマネジメントのテクニック」という流れで構成されています。

　「アンガーマネジメント的な対処術」や「本ケースで使えるアンガーマネジメントのテクニック」は、当該ケース以外でも応用することができます。

　なお、ここでご紹介するケースは、自治体でよくある出来事を課題別に整理・編集したものです。複数のケースをベースに編集していますので、特定のケースではないことをご承知おきください。また、名前のアルファベットは、出てくる順にA・B・Cとしており、特定のイニシャルなどを指すものではありません。

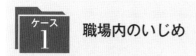

ケースの概要

　Aさんは市の出先機関に配属になって日の浅い若手職員である。ある時、Aさんの事務処理ミスが発端で、委託業務の相手方に大きな損害が生じ、その損害賠償を市が負担しなければならないという事態となった。

　もともと内気な性格であるところ、新しい仕事にもなじめず、先輩や上司に相談できなかったことがミスの一因であったが、これをきっかけに、職場内でAさんを無視するような状態が徐々に広まってしまった。

　特に、先輩Bさんは、Aさんとは反対に思ったことはすぐに表に出し、行動力もあるタイプで、これまでもAさんの煮え切らない態度にイライラしていた。そのため、Aさんに対して「そんなこともわからないのか」と周りに聞こえるような大声で暴言を吐いたり、「早く違う部署に異動願を出せよ」など陰湿な言葉を投げつけたりと、Aさんにより一層きつく当たるようになった。

　周りの職員もBさんに同調したり見て見ぬふりをしたりして、誰もAさんに寄り添わず、所属長のCさんもこれを黙認して何の対応もとらなかった。

　連日繰り返されるこうしたいじめにより、Aさんはうつ病を発症してしまった。

▶パワハラに至った背景（想定される要因）

　これは、パワハラの6類型のうちの、人間関係からの切り離しに相当すると考えられる事案です。

　本ケースが起きた要因として考えられるのは、パワハラの定義に対する大きな誤解です。

　職場のパワハラとは、「職場において行われる①優越的な関係を背景とした言動であって、②業務上必要かつ相当な範囲を超えたものにより、③労働者の就業環境が害されるものであり、①から③までの要素を全て満たすもの」です。ここでいう職場の優位性とは、上司から部下へのいじめ・嫌がらせを指して使われる場合が多いですが、先輩・後輩間や同僚間、さらには部下から上司に対して行われるものもあります。

　パワハラの行為者であるBさんは、自分の行為がパワハラに該当するものであるという意識が低かったか、あるいは上司ではないということで自分の行為はパワハラではないと思っていたのかもしれません。

　また、Bさんは、怒りの感情でいうと、持続性が高い特徴があります。持続性が高い人は、過去の怒りを引きずり根に持ちますので、いつまでも同じことを責め続ける傾向があります。

　怒りの持続性が高い人は、過去ばかりでなく、未来も同時に考えています。未来とは報復、仕返しをすることです。Aさんに異動願を出すよう未来のことを言うのは、自分の報復が果たされるところを常に想像しているからです。

　怒りの持続性の高い人は、次から次へと新しい怒りを足し算していきます。なぜなら、自分が怒っていることがいかに正しいか、正当化を強めたいと無意識に思っているからです。

　怒りの持続性が高いということは、怒りに囚われている人なので、実は本人自身も怒りの感情に苦しんでいます。

▶アンガーマネジメント的な対処術

● 今だけに意識を向ける

どうしても過去を引きずる傾向がある人は、普段からあれこれ余計なことをずっと考えている人です。

怒りの持続性がどれくらいあるかは正直誰にもわかりません。どうかすると怒りの感情は世代を超えて、戦争の火種にもなっていくような強い感情です。

怒りの感情の持続性が高いことの最も厄介な点は、怒りの感情を自分で勝手にこじらせ、増幅させてしまうことです。怒りの感情が増幅すると、恨み、憎しみ、憎悪、怨恨といった非常に強く扱いがさらに難しい感情になってしまいます。身体のコリと似たようなもので、軽い怒りなら簡単にほぐすことができますが、長年蓄積して硬いコリになってしまったものをほぐすのは、そう簡単ではなくなります。

もし自分が怒りの持続性が高い傾向にあると思うのであれば、できるだけ過去や未来を考えずに、今、この場所だけに意識を向けるようにします。

BさんはAさんの顔を見るたびに、過去にこんなことをした、この先こうなればいいのにといったことを考えてしまうのではないでしょうか。Aさんの顔を見ながら、意識はこの場にないのです。

心と身体は一体です。意識がこの場にないということは、心身が一体ではないという状態です。このことを聞いただけでも、今を生きていない状態が健康的ではないということがわかります。

そこで、怒りの持続性が高い人は、今、この場所だけに意識を集中させるようにします。そうすることによって、怒りを不用意に増幅させないようにして、余計なことを言わないように自身をコントロールします。

▶本ケースで使えるアンガーマネジメントのテクニック

● 余計なことを考えない五感トレーニング

　では意識を今、この場所だけに集中させ、余計なことを考えないためのトレーニングをしていきましょう。余計なことはいつ考えているかといえば、それは無意識にできる何かをしている時です。

　無意識にできてしまうものといえば、例えば、歩く、食事をする、歯磨きをする、テレビを見る、運転する、何かを待つなど、何気ない行動で、日常生活にはいくらでもあります。私達は基本的に省エネで生きたいと思っているので、ルーチンのようなものはいちいち考えなくてもできるようになっているのです。

　そこで余計なことを無理やり考えられない状況を作ります。

　今日から1日5分、10分で構わないので、利き手と逆の手を使って生活をしてみてください。食事をするにしても、ペットボトルの蓋を開けるにしても、利き手を使っていれば何も考えずにできます。ところが利き手と逆の手でやろうとすると、手先に神経を向けないとできなくなります。

　つまり、その間、頭の中には余計なことを考えるスペースが小さくなって、余計なことを考える余裕がなくなっているのです。これを毎日続けていくと、普段から頭の中に余計なスペースを作らずに済みます。

　もちろん、まったく余計なことを考えずに生きるということはできないのですが、それでも怒りを増幅させてしまうような不要なことは考えなくて済むようにできます。

　また、普段からできるだけ五感を感じるようにもしておきましょう。五感は視覚、聴覚、触覚、味覚、嗅覚のことです。視覚なら会話している相手やPCの画面など、聴覚なら街の喧騒やBGM、会話の内容など、触覚なら熱いコーヒーカップを触れば熱い、糊がベタベタす

るなど、味覚なら甘い、辛い、しょっぱいなど、嗅覚なら好きな香り
や甘い匂いなどで、このように五感とは、今、この場所で感じられる
ものです。

　こうした五感に意識を向けるだけでも、今、余計なことを考えず
に、この場所にいられるようになります。

ケースの概要

　公立の介護施設で期間の定めのある職員として勤務しているAさんは、1年の任期のある任用を4回繰り返しているが、5年目の任用時の前に、所属長である事務長がBさんに変わった。そして、4回目の任期満了時、AさんはBさんより、新年度の任用はできないと言われた。

　納得できないAさんが理由を聞くと、「施設の利用者から、Aさんはぶっきらぼうでいつも不満そうにしていると苦情があった。他の利用者の家族からも、担当を変えてほしいという声が出ている」とのことだった。

　Bさんは、福祉は不慣れな分野であったこともあり「異動は転職のようなもの」という気持ちになっており、早く本庁に戻りたいと考えていた。また、これまで市民からの苦情などはほとんど経験がなかったところ、今回、責任者として利用者（市民）からクレームを受けたことで、「SNSなどで悪い評判が立ったらもう本庁に戻れないかもしれない」と焦る気持ちが募っていた。

　なんとかAさんを新たに任用しないようにと思ったBさんは、その後もAさんの勤務態度や利用者への接し方について、「笑顔がない」「言葉遣いがなっていない」「挨拶もろくにできない」など、主観的な事柄や自身の価値観に基づく叱責や嫌味を繰り返したため、AさんはBさんの行為はパワハラであると訴えた。

▶パワハラに至った背景（想定される要因）

これは、パワハラの 6 類型のうちの、精神的な攻撃に相当すると考えられる事案です。

Bさんは望まない異動を命じられていたことから、着任した時点で職場の誰にも関係なく大きな不満、そして本庁に戻れるのだろうかという大きな不安を抱えていました。

Bさんにとっての目的は、その職場で職務を遂行することではなく、安全に無難に過ごして本庁に戻ることになってしまっています。こう思っている時点で、本来はBさんの考え方は問題なのですが、当事者であるBさんはそうは思っていません。

怒りを大きくする燃料にマイナス感情があることは前述の通りです。Bさんは不安（マイナス感情）が自分の怒りを大きくしていることに気付けていません。

Bさんは、所属長として職務を遂行するのであれば、自分でそのマイナス感情に気付き、向き合わなければいけないのですが、その術を知らないために、ただただ不安を感じています。

そして、不安であるがゆえに、格好のターゲットとなるAさんに怒りをぶつけることで、自分の不安をどうにか拭おうとしているのではないでしょうか。Aさんに対する指摘も、業務の適正な範囲の指導ではなく、**非常に主観的な評価に始終しているところが大きな問題点です。**

「業務上必要かつ相当な範囲を超えた」言動とは、厚生労働省の指針では、「社会通念に照らし、当該言動が明らかに当該事業主の業務上必要性がない、又はその態様が相当でないもの」を指すとされています。

Bさんの言動は、残念ながら業務の適正な範囲を超えるものと言われても仕方がないものでした。

▶アンガーマネジメント的な対処術

● 自分のマイナス感情を知る

　Bさんが真っ先に理解しなければいけなかったことは、異動の時点で自分が大きな不安を抱えており、その不安は怒りに結び付きやすくなってしまうということです。なぜならば、不安はマイナス感情の中でも特に怒りと結び付きやすい感情だからです。

　自分がそもそも怒りを感じやすい状態になっているのかどうかがわかっていれば、普段以上に自分の怒りを警戒し慎重になれます。

　自分の状態を知るための最高のツールがアンガーログです。アンガーログを付け、振り返ることで、自分がどのような傾向で怒っているのかがわかります。また、同時にもう一歩踏み込んで分析をすることで、自分の怒りの裏にはどのようなマイナス感情が隠れているのかを知ることができます。

　怒りを大きくするマイナス感情を知ることができれば（本ケースではそれは不安でした）、そのマイナス感情はどうすれば拭うことができるのか考え、対処することができます。

　Bさんの不安は本庁に戻れるかどうかです。不安に囚われている人は、特に根拠もなく物事を勝手にマイナスに考えていく傾向があります。Bさんも特に根拠もなく、利用者からクレームを言われたらもう自分は本庁へは戻れないかもしれないと勝手に考えています。

　こういう時は、実際にどうなのか詳細にわたって調べることです。前例としてどういうケースがあったのか、クレームがきたとしてそれが本庁へ戻ることの障害になることなのか、等々です。

　自分の思い込みや想像ではなく、現実がどうなのかを調べることが、不安を解決する方法になります。

▶本ケースで使えるアンガーマネジメントのテクニック

● ポジティブセルフトーク

　自分のマイナス感情を知り、今回のケースであればそのマイナス感情である不安がどの程度現実的なものなのかを理解できたとします。頭では理解できたものの、まだそれでも不安が残るというのであれば、ポジティブセルフトークというアンガーマネジメントのテクニックを試してみましょう。

　ポジティブは前向きな、セルフトークは自分に話しかけるという意味で、自分に前向きな言葉をかけて元気付けたり、勇気付けたりするテクニックです。第 2 章でコーピングマントラを紹介しました。コーピングマントラは気持ちを落ち着けるために使うものでしたが、ポジティブセルフトークは気持ちを盛り上げるために使います。

　ポジティブセルフトークもコーピングマントラのように自分で自分に声をかけます。実際に声を出しても出さなくてもどちらでも構いません。また、言葉も自分で気に入ったものを自由に使えばOKです。

　　「こんな不安どうってことない、必ず乗り切れる！」

　　「これくらいじゃ絶対に負けないぞ！」

　　「このハードルを乗り越えることでもっと成長する！」

　不安を感じている時、マイナスな感情が大きい時というのは、どうしても人は後ろ向きな発想になりがちです。そんな時は、使う言葉も自然と頭に浮かんでくる言葉も後ろ向きで、自ら気持ちを下げてしまうようなものばかりになってしまいます。

　マイナスな考え、気持ちはさらによりマイナスな考え、気持ちを呼ぶ悪循環になりがちです。悪循環を断ち切り、自ら良循環を作れるようになることで、どんな困難にも気持ちを落ち着けて向き合うことができるので、パワハラの行為者になるリスクを減らすことができます。

公務への責任感が強い上司から部下へのパワハラ

ケースの概要

　新しく住民課の課長になったAさんは、上司のB部長と初めて仕事をすることになった。Bさんは、公務員としての職責に対する責任感が非常に強く、決して部下任せではなく自ら進んで執務の指揮をとり、知識の習得にも労を惜しまなかったため、庁内では信頼の厚い管理職であった。AさんもそんなBさんの下で働けることに期待を抱いていた。

　しかし、実際に異動してみると、Bさんの言動に困惑することが少なくなかった。もともと話し方が命令口調で、部下に求める業務水準も高いため、「そんなこともできないのか」「いったい今まで何やってきたんだ」「使えないやつだな」などと感情的に部下を叱責することが日常茶飯事だった。Bさんの指導内容自体は間違ってはいなかったが、部下の人格を無視した発言や一方的な物言いに、Aさんも次第にまいっていった。

　さらに、自身の部下がやる気をなくし、萎縮していく状況に、Aさんは困り果てていた。Bさんを恐れて休みがちになる部下も出てくるなど、Aさんは自分の管理職としての力のなさも痛感してしまい、そんなAさんに対してBさんは追い打ちをかけるように、部下の前でAさんの管理能力を非難することもあった。

　こうした状況が続き、Aさんは不眠症になり、勤務できなくなってしまった。

▶パワハラに至った背景（想定される要因）

　これは、パワハラの 6 類型のうちの、精神的な攻撃に相当すると考えられる事案です。

　Bさんは典型的な勝者の視点という考え方、価値観を持った人です。勝者の視点というのは、できる者が優れている勝者で、できない者は劣っている敗者であるという考え方に偏っている人です。

　そもそも、何をもってできる・できないとするかの区別が、非常に独りよがりな基準でなされている点が大きな問題です。また、こうした人は、常に勝ち負けで物事を考える傾向が強く、負けている者への配慮はなく、どちらかというと見下すという態度をとりやすい特徴もあります。

　自分の御眼鏡にかなった部下には寛容な態度をとれるものの、自分が評価するに値しないと思った部下に対しては非常に強く当たり、排除しようとします。部下の価値観は自分と一緒でなくてはならず、また能力も自分と同じ程度でないと気が済まないと考えています。

　自分の部下はできない奴ばかり、こんなこともできないのか、使えない、などといったような言葉を言いがちな人は、このタイプに当てはまるでしょう。

　そして、怒るということについての大きな誤解を持っています。怒ることは、相手を打ち負かすこと、相手をへこませることが目的だと考えて、**怒った後でどうしてほしいかの視点が欠落しています。**

　そのため怒る時は相手が折れたと思うまで、徹底的に叩いてしまうのです。そして、相手が折れやすいと思えるような性格、人格、能力といった点を攻撃しやすくなります。

　エリート意識が強く、プライドが高い人は、こうしたパワハラをしてしまうリスクを抱えていることが多い傾向があります。

▶アンガーマネジメント的な対処術

● 許容度を上げる

　Bさんが取り組まなければいけないことは2つあります。それは自分の部下に対する許容度を上げること、そして怒り方に対する誤解を解き、上手に怒れるようになることです。

　部下に対する許容度を上げるためには、思考のコントロールの三重丸を活用します（第2章72頁の図参照）。三重丸の中で二重丸目のまあ許せるゾーンが広い人が、人に対する許容度の高い人です。

　組織は自分と違う人間がいることで成り立ちます。単一的な価値観の組織は人の集合として非常に弱いものです。独裁者によって国民一人ひとりに同じ価値観を押し付けた国がどうなったかは説明するまでもないでしょう。

　優れた所属長はそのことを知っています。だから、自分と違う価値観の部下でも受け入れ、リーダーとして目的地に一緒に向かうことができます。

　では、どうすれば人に対する許容度を上げられるかです。それは「まあ許せるゾーン」を広げることです。まあ許せるゾーンを広げるためには、何かあった時に「せめて」「最低限」「少なくとも」という言葉を使います。

　「せめてこうだったら許せるのに」「最低限こうしてくれれば」と考えるようになると、少しずつまあ許せるゾーンは広がります。なぜなら、普段、私達は自分が許せる限界よりもずっと手前でもう許せないと怒ってしまっているからです。

　まあ許せるゾーンを拡げるのは心の筋トレのようなものです。はじめは許せなかった部下の価値観、考え方、行動も、まあ許せるゾーンを広げる努力をするうちに、徐々に受け入れられるようになります。

● 怒り方を変える

　Bさんの怒り方は、パワハラの行為者になってしまう典型的な例です。怒ってはいけないポイントを怒ってしまっています。

　私達が怒って良いもの、怒ってはダメなものは次の通りです。

怒って良いもの	事実、行動、ふるまい、結果
怒ってはダメなもの	思い込み（事実ではないもの）、性格、人格、能力

　例えば、Bさんは「使えないやつだな」と部下を蔑みます。では「使えないやつだな」というのは、上記のどれに当てはまるでしょうか。

　まず、使えるのかどうかは事実ではなく、Bさんの勝手な思い込みです。また、使える・使えないというのは能力に関する事柄になります。つまりBさんの部下を怒ったセリフは、二重の意味でダメなものが入っているということです。

　事実、行動、ふるまい、結果といったものを叱責しているうちはパワハラにはなりにくいのですが（もちろん言い方、表現に注意する必要はありますが）、思い込み（事実ではないもの）、性格、人格、能力を怒ることで、パワハラの6類型の精神的な攻撃にすぐに該当し得ます。

　怒っている側は、怒っている内容がまったく正当のように思っているのかもしれませんが、怒られている側からすれば、非常に不当に怒られている印象を持ちます。

　何かできていないことを注意するのであれば、書類の書き方が様式通りになっていない、予算書の中のこの部分に計算ミスがある、市民への対応の態度が服務規律に照らして適切ではないなど、具体的な事実、行動を指摘することです。

　怒る前に6秒ルールで必ず一旦立ち止まり、今怒ろうとしていることが事実なのか思い込みなのかをチェックしましょう。

▶本ケースで使えるアンガーマネジメントのテクニック

● 権利、義務、欲求の区別トレーニング

　私達は、権利、義務、欲求と3つの違ったものを持ちながら、それらを混同していることがよくあります。また、混同することで、相手に不当な要求をしてしまうこともあります。

　例えば、部下が有給休暇の申請をしてきた時、部下にとっては有給休暇を取得することは権利であり、上司はそれを受理することは義務です。ところが、上司は部下に休んでほしくないと思っています。これは上司の欲求です。

　この場面において、上司が部下の有給休暇の申請に対して、あなたは仕事がろくにできないのだから、有給休暇をとる権利なんてないと言ったとすれば、それは部下の権利を大きく侵害する行為となります。

　そこで、今自分が目の前にしていることは、自分にとっての権利、義務、欲求のどれに当たるのかを区別して考えるトレーニングをします。このトレーニングをすることで、部下や他者に対して、自身の欲求に基づく不当な要求をするようなことを防げるようになります。

ケース：部下が有給休暇を申請してきた

権利	義務	欲求
部下には有給休暇をとる権利がある	部下の有給休暇申請を受理する義務がある	部下には有給休暇をとってほしくない

住民からの苦情が発端のパワハラ

　住民から、「市の職員Aが、商店街で友人らと飲み歩いてばかりいる。こんなことでは公務に影響が出ているはずだ」という通報があった。

　Aさん達はみな大人であり、本人達の自主性が尊重されるべきであった。しかし、Aさんの所属長のBさんは、入庁以来、誠実な公務執行を旨とし、特に市民からの要望には誠意をもって対応しているという自負もあったため、Aさんの主張も聞かず、一方的に厳しく叱責し、行動を改めるよう命じた。

　しかし、Aさんは「個人的なことだ」と行動を改めなかったため、Bさんは「このままではまともな仕事はさせられない」「公務員として恥ずかしくないのか」など、上司としての立場を利用して自らの価値観を押し付けたりしながら、Aさんを追い詰めていった。

　そうした状態がしばらく続き、とうとうAさんは精神的に不安定になり、登庁できなくなってしまった。

▶パワハラに至った背景（想定される要因）

　これは、パワハラの6類型のうちの、個の侵害に相当すると考えられる事案です。

　Bさんは、住民感情への配慮からAさんに対して業務の適正な範囲を超えて指導をし、Aさんがそれに反発したことで、指導が度を超えることになりパワハラに結びついてしまいました。

　自治体職員である以上、住民の声を聞くことは職務を遂行する上で、また自治体職員のあり方として求められるものです。ただその一方で、**住民の顔色を伺うことと、意見を聞くことには大きな違いがあ**ります。

　顔色を伺うのは、それが良いことであれ悪いことであれ、相手が気持ち良くなってさえいればいいという対応の仕方です。こうした姿勢では、場当たり的な対応ばかりすることになり、一貫した対応をすることができません。

　意見を聞くというのは、自治体職員としての行動規範、行動方針に照らし合わせて、聞く必要があるもの、聞く必要がないものに分けて評価ができるということです。

　Bさんは住民感情に過敏になるあまり、意見として聞く必要があることなのかどうか評価することを放棄してしまったというのが、行動としての大きな問題点です。

　住民のために奉仕するのが自治体職員である一方で、聞く必要のあること、ないことを公正な目をもって評価、判断することが、その職務として求められているという自覚を持つことがとても大切です。

　Aさんも地方公務員法33条の信用失墜行為の禁止について配慮するべきでした。信用失墜行為とは、飲酒運転、わいせつ行為、ハラスメント行為、情報漏洩等が該当します。公務外でも、公務員としての信用を失墜させるような行動は厳に慎まなければなりません。

▶アンガーマネジメント的な対処術

● 事実と思い込みを切り分ける

　事実と思い込みを切り分けられるようになると、私達は冷静に公平に物事を見ることができるようになります。アンガーマネジメントでは、事実と思い込みの切り分けをとても大事にしています。

　人は、自分なりの思い込みの眼鏡をかけて現実を見ています。思い込みの眼鏡はコアビリーフと呼ばれるものでした。人は何か出来事を見た時に、コアビリーフという思い込みの辞書に照らし合わせて、それがどういうことなのかを意味付けします。

　基本的に人は事実を事実のまま受け取ることはしません。必ずそこに何らかの意味付けをして受け取ります。ですから、住民が言ってくることは基本的に完全な事実であることはありません。必ずその住民の思い込みが混ざっています。その思い込みの混ざっている量が多いか少ないかの違いだけです。

　事実と思い込みを切り分けるのはとても大変です。ある程度練習をしないと上達しません。ただ、この言葉を使って話をしている時は思い込みであることがわかる、「思い込み言葉」というものがあります。誰かがこの思い込み言葉を使っていたら、それは事実と見せかけて、実は思い込みであると考えてよいでしょう。

　思い込み言葉の代表例としては、「いつも」「必ず」「みんな」「全部」「ばかり」「何も」「〜だろう」といったものがあげられます。今回のケースでも、住民の連絡にはこの思い込み言葉が入っていました。「飲み歩いてばかりいる」の部分です。

　自治体職員として住民の声を聞きより良い行政サービスを提供することは、職務として当然のことです。ですが、聞く必要のあること、ないことを切り分ける能力、技術を持つことが、より良い執務につながると心得ましょう。

▶本ケースで使えるアンガーマネジメントのテクニック

● 事実と思い込みを切り分けるトレーニング

　私達の会話の中には、事実と思い込みが100％の確率で混ざっています。事実だけで会話をしていることはまずありません。それは先程説明したように、私達は必ず自分のコアビリーフを通じて物事を意味付けしているからです。

　事実と思い込みを切り分けるひとつのヒントとして、思い込み言葉が使われているかどうかという説明をしましたが、思い込み言葉が入っていないとしても、思い込みであることはよくあります。

　事実と思い込みの切り分けは、意識して人の話を聞いたり、実際に切り分けたりすることを繰り返すことで上達します。改めて言いますが、事実と思い込みを分けられるようになることで、公正な立場に立ち職務を遂行することができるようになります。

　では早速、事実と思い込みを切り分けるトレーニングをしてみましょう。本ケースを使って、事実と思い込みの切り分けと、事実として言い換えたらどうなるかを学んでください。

　本ケースでは、Aさんは飲み歩いてばかりいるから、公務に影響があるに違いないというものでした。では、本ケースでの事実、思い込み、事実として言い換えるならどうなるか、を考えてみましょう。それぞれを整理すると下記のようになります。

事実	Aが飲み歩いていた。
思い込み	飲み歩いてばかりいる。公務に影響が出ているはずだ。
事実として言い換えるなら	Aが飲み歩いた事実はあるとして、公務に影響を与える可能性がないとはいえない。

　まず事実として注目してほしいのが、「飲み歩く」ことが現在形から過去形に表現が変わっていることです。当然のことですが、飲んでいたのは過去の話であって、今の話ではありません。事実としてあるのは、何度かわからないが、Aが飲み歩いたということです。

　そして思い込みとしては、思い込み言葉である「ばかり」の部分と、公務に影響が出ている「はずだ」と言い切っている点です。飲み歩いてばかりいるとは、一体どれくらいの回数、頻度を指して言っているのかはわかりません。またその尺度も人によって違うでしょう。

　公務に影響が出ているはずだとは、これだけの理由で言い切ることは到底できません。また、影響があるといってもどの程度の影響のことを指しているのかもわかりません。

　では、事実として言い換えるとどうなるかです。そうすると、なんともはっきりしない言い方という印象ではないでしょうか。なぜはっきりしないという印象を受けてしまうかというと、今までは事実を見ていたわけではなく、すでに評価の入ったものを事実として見ていたので、自分の中ではっきりと理解することができていたからです。

　今の時点で言える、わかっている事実はこれだけです。ここを出発点として初めて、市民の意見としてAさんに聞いた方が良いことなのか、聞くのであれば、Aさんに注意した方がいいのかが決められます。

　このように、文章として分解して考えれば簡単にわかることでも、会話の中で流れていってしまうと、聞き流してしまいます。これからは注意深く話を聞き、事実、思い込みを切り分けられるようになってください。

　ここに事実と思い込みの切り分けトレーニングの例題を用意しましたので、挑戦してみてください。

問題 1 住民からクレームがあった。すぐに対処しないとまずいことになる。

事実	
思い込み	
事実として言い換えるなら	

（出典：日本アンガーマネジメント協会『テキスト』2021年）

問題 2 職員Yが隠し事をしていた。他にも報告をしていないことがあるに違いない。

事実	
思い込み	
事実として言い換えるなら	

（出典：前掲書）

回答

1　住民からクレームがあった。すぐに対処しないとまずいことになる。

事実	住民から連絡があった。
思い込み	クレーム。すぐに対処しないとまずいことになる。
事実として言い換えるなら	住民から連絡があったので、対処する必要があるものであれば対処策を考えて対処すればいい。

2　職員Yが隠し事をしていた。他にも報告をしていないことがあるに違いない。

事実	私が知らないことがあった。
思い込み	職員Yが隠し事をしていた。他にもあるに違いない。
事実として言い換えるなら	職員Yについて私が知らないことがあった。他にもあるのかもしれない。

上司の問題点を指摘したことによるパワハラ

ケース 5

ケースの概要

　Aさんは、環境課の係長で、住民の立場に立った公平公正な執務を心がけていた。

　住民からの問い合わせや苦情にはていねいに対応し、中堅リーダーとして、後輩職員の指導やサポートも積極的に行うなど、周りからの信頼も厚かった。

　Aさんの上司のB課長は、いわゆる事なかれ的な対応で業務を進めることも散見され、Aさんはその点が気にかかっていた。

　業務繁忙期のある日、後輩職員が住民からの騒音に関する苦情対応で苦慮していた。Aさんは、ルールに基づきていねいな説明を続けるよう、アドバイスしていた。

　これに対してBさんは、「この忙しい時期に、一人の住民に時間を割きすぎる。決まりだと突っぱねろ」と後輩を叱責した。

　これまでのBさんの業務姿勢に大きな疑問を感じていたAさんは、こうしたBさんの対応に部下として限界を感じた。なんとか考え方を改めてもらおうと、その後はことあるごとに業務の進め方について、問題点を直訴した。

　すると、BさんはAさんをリーダー的な業務から外し、Aさんの能力に合わない簡単な業務ばかり命じるようになった。

▶パワハラに至った背景（想定される要因）

　これは、パワハラの 6 類型のうちの、過小な要求に相当すると考えられる事案です。

　Bさんの大きな問題は、部下であるAさんからの意見を批判として意味付けをしていることです。Aさんは、確かに批判は入ってはいるものの、Bさんを貶めることを目的とはしておらず、業務をより良くするために提案をしたのが本当の気持ちです。

　ところが、Bさんのように、世の中には自分への意見＝批判と意味付けしてしまう人は少なからずいます。こうした人の特徴は、人からの意見はシャットダウンし、シャットダウンするだけならまだしも、相手に報復のような行動に出てしまうことです。

　また、部下といった自分よりも目下の人に対してだけそういう行動をするのではなく、上司、住民といった人達に対しても同様の態度をとる傾向にあります。

　人に対する攻撃性の高さは、自己肯定感の低さから来るものと考えられます。自己肯定感とは、簡単に言ってしまえば、自分に自信が持てるかどうかということです。

　自己肯定感が低いために、人からの意見は自分に対する攻撃であると思ってしまうところがあり、そのために直接的な攻撃に対しては必要以上に反撃します。また、人からの評価を受けたくないと思っているので、それが事なかれ主義の行動に表れます。

　事なかれ主義であれば人からの評価は低くなるのではないか、という疑問が残りますが、このタイプの人は、意見を言われるよりも、何も言われないことを優先する傾向があるのです。

▶アンガーマネジメント的な対処術

● 自己肯定感を上げる

　人からの意見を聞いた時に、すぐにそれを自分に対する批判、攻撃として意味付けてしまうのは、自己肯定感が低いからと説明しました。

　自己肯定感には相対的自己肯定感と絶対的自己肯定感の2種類があります。

　相対的自己肯定感とは、自分が他の人と比べて優れているかどうかで自信を持ったり、持たなかったりするものです。例えば、他の人に比べて頭が良い、足が早い、計算が得意といったようなものです。

　絶対的自己肯定感とは、他の人との比較ではなく、自分は自分で大丈夫と思っているものです。自分には自分の大切にする価値観があり、誰からどう言われても自分の価値観で判断できるのです。そして、自分に対していつも自分はOKであると考え、自信を持つことができています。

　こう書くと、絶対的自己肯定感を持つ人は、なんだか頑固で人の意見を聞かないように思えますが、絶対的自己肯定感の高い人は、自分で自分のことを信じることができているので、他人の意見に対して寛容でいられる点が大きく異なります。

　アンガーマネジメント的に磨いてほしいのは、絶対的自己肯定感の方です。

　相対的自己肯定感の大きな問題点は、常に誰かとの比較なので、自分よりも優れている人が周りにいた場合、それはすぐに劣等感に変わってしまうことです。

　一方で、絶対的自己肯定感というのは、自分はいつでも自分のままでOK、自分の価値観で大丈夫と思えるようになることなので、誰からの意見も批判や攻撃と意味付けすることが少なくなります。

▶本ケースで使えるアンガーマネジメントのテクニック

● サクセスログ

　絶対的自己肯定感を高くするには、「サクセスログ」を付ける方法があります。これは、自分が毎日実は上手くいっている、自分は小さな成功の積み重ねで今があるということを実感するための方法です。

　サクセスは成功、ログは記録のことです。毎日上手くいったこと、成功したことを記録するテクニックです。これを続けることで絶対的自己肯定感を高くすることができます。

　絶対的自己肯定感の低い人は、毎日のように自分は上手くいっていない、他にはもっと上手くいっている人がいるのに、と自分を卑下するような考え方をしています。

　私達の毎日は何気ない小さな成功の積み重ねによってできています。小さな成功が積み重なっているから、毎日生活ができ、仕事ができているのです。ほとんどの人は自分の生活、仕事が小さな成功に満ちあふれているとは思ってもいないでしょう。でもそれは自分の毎日を過小評価しています。自分にとって簡単にできることも、他の誰かにとっては当り前にできることではないかもしれないのです。

　サクセスログに決まったフォーマット、書き方はありません。日記的に書いても構いませんし、手帳のスケジュールの横に書き込んでも構いません。一日ひとつなんて考えずに、始めのうちはできる限り多く書いてみましょう。こんなことは成功になんてならないと思えるような些細なことでも、まったく構わないのです。

　サクセスログの例としては、「目覚ましが鳴る前に起きられた」「昨日よりも体調が良い」「一駅分歩けた」「昼食が美味しかった」「残業せずに済んだ」「信号のタイミングが良く道を渡れた」などがあります。

　日々の小さな成功を実感し、自分に今よりも大きな自信を与えていきましょう。

ケースの概要

　中堅職員のAさんは、本庁から議会事務局に異動になった。これまで議員との接点はほとんどなかったが、選挙で選ばれた人達なので、より良いまちづくりや住民の福祉に対して、意識が高いものと考えていた。

　確かにそういった議員も多いが、一部には、当然といえるような常識すらわきまえていない議員もいて驚いた。

　議場での暴言や不適切発言、経費の不正使用が疑われるものや視察の際のルール無視など、見過ごせない問題も散見された。

　中堅職員として公務の職責を一段と意識するようになってきたAさんは、議員としてあるべき姿を伝えようと、正しい言動の周知や注意などを率先してたびたび行った。

　議会事務局のこうした動きを疎ましく思う一部の議員は、Aさんをあからさまに無視したり、非難したりするようになった。

　こうした圧力でかなりストレスをため込んでしまったAさんは、いつもイライラするようになり、同僚や後輩職員に当たり散らすようになってしまった。

▶パワハラに至った背景（想定される要因）

　このケースはまだパワハラといえるようなものにはなっていないのですが、Ａさんは今後、同僚や後輩職員などに当たり散らすことで、パワハラをしてしまう可能性が十分にあると思われます。

　怒りの感情は連鎖します。特に力の強い人から力の弱い人へ、立場の上の人から立場の下の人へといった具合に、まるで水が流れるように連鎖をしていきます。

　また、怒りの感情には矛先を固定できないという性質もあります。矛先を固定できないというのは、八つ当たりを意味します。

　Ａさんの怒りは議員との関係の中で生まれているものですが、Ａさんはその怒りを議員との間の中だけに収めておくことができずに、同僚や後輩職員にもぶつけているのです。

　つまり、別の場所で感じた怒りを抱えたまま他の場所に行き、その場所でその怒りをはらしています。

　これは一般的にもよくあることで、職場での怒りを家庭に持ち帰り、家族に当たってしまったり、逆に家庭でのイライラを職場に持ち込み部下に怒鳴り散らしてしまったりする人は、実は相当数います。

　なぜこうしたことが起きてしまうのかといえば、怒りの性質もありますが、怒りの性質を理解していないために、その性質のまま放っておいているということの方が理由としては大きいです。怒りに性質があるにしても、その性質を理解しておくことで、その性質通りにならないように防ぐことができます。

　例えば、怒りの感情は連鎖しやすいもの、矛先を固定できないもの、ということを知っているだけで、怒りを連鎖させていること、八つ当たりをしていることに自覚を持ち、それを止めるという選択ができるようになるのです。

▶アンガーマネジメント的な対処術

● 自責であることを自覚する

　怒りが生まれるメカニズムを思い出してください。私達の怒りが生まれるには、出来事に遭遇し、その出来事に意味付けをし、その意味付けの結果、怒りという感情が生まれるのでした。

　そしてその意味付けの際に最も重要なものが、コアビリーフと呼ばれる自分の中にある価値観の辞書のようなものでした。コアビリーフ次第で出来事の意味付けはどのようにも変わるのであり、出来事そのものには意味はないというのがアンガーマネジメントの視点でした。

　私達を怒らせる本当の原因は、誰かや出来事ではなく、自分の中にあることが、アンガーマネジメントが理解できればわかります。つまり、Aさんを怒らせているのは議員ではなくAさん自身のコアビリーフです。これは動かしがたい事実なのです。仮にその議員が同じ言動をしたとして、他の人もAさんとまったく同じように受け取るかといえば、必ずしもそうはなりません。

　自分を怒らせているのは誰かではなく、自分自身であるという自責のスタンスに立てるようになると、物事の解釈はずいぶんと変わります。

　ここで誤解してほしくないことは、議員のふるまいに対して怒らなくなればいいということではなく、怒りを感じたとしても、それは自分が怒ることを選んでいるのであり、誰かに当たって良いことにはならないということです。

　怒りを感じることは問題ありません。怒りの感情をなくそうということでもありません。ただ、自分の感情を選んでいるのは自分でしかなく、自分の感情に責任を持つのは自分しかいません。その自覚を持つことが一人の成長した大人として必要なことなのです。

▶本ケースで使えるアンガーマネジメントのテクニック

● 理想の誰かを演じてみる

　自分の感情に責任を持てるようになると言うのは簡単ですが、ではどうすればいいかとなると、なかなか何をどうして良いのかわからない人も多いでしょう。

　そこで、お勧めするのがプレイロールというテクニックです。プレイは演じる、ロールは役割という意味です。

　よく俳優さんが役になりきるといいます。役になりきることであたかも本人のように考えふるまうことができます。私達も自分がこうふるまってみたい、こういう人になりたいという憧れの人を見つけて、その人の真似をしてみるのです。

　あなたが理不尽なことをされた時、あるいは誰かから怒りをぶつけられた時、あの人だったらこの場面をどのように乗り切るだろうか、と考えたことはないでしょうか。

　まずはあなたが理想とする人、あんなふうにふるまってみたいと思う人を選んでください。選ぶ人は、上司、先輩、恩師といった人達でもいいですし、映画の主人公のように実際には存在しない人でも構いません。

　特定の人が選べたら、次にその人のふるまい、セリフなどをできる限り多く思い出してください。紙に書き出すとより具体的になるのでお勧めです。

　そして実際に自分が困った場面に遭遇したら、その人になりきったつもりで、その人が言いそうなセリフ、しそうなふるまいをしてみるのです。もしその場面でその人がどう言うのか、ふるまうのかがわからなければ、その人の研究が足りないかもしれないので、その人をよく研究するか、もしくは別の人を選びましょう。

　初めはぎこちなくても、真似をしているうちにその真似はいつの間にか自分の一部になり、考え、行動できるようになります。

自分の「公務員像」を物差しにして
部下の個人的なことに立ち入るパワハラ

Aさんは、30代後半の独身の中堅職員である。誠実な仕事ぶりで上司からも後輩からも頼りにされている。

Aさんの上司のB部長は、自分の考えを強く主張するタイプで、悪気はないものの、良かれと思っての言動が相手の負荷になってしまうこともたびたびあった。

Bさんには、結婚して家庭を持ってこそ一人前という考えがあり、特に公務員は、身を固めてこそ、住民の気持ちも理解でき、信頼も得られると思っていた。

日頃からAさんを気にかけていたBさんは、いつまでも結婚しようとしないAさんを心配し、ことあるごとに結婚相手のことを話題にするようになっていた。

Aさんは、Bさんに悪気のないことはわかっていたので、甘んじて話を聞いていたが、次第に苦痛になり、受け止めきれなくなってきた。

そして、Bさんを避けるようになり、職場での関係がぎくしゃくしてきてしまった。

▶パワハラに至った背景（想定される要因）

　このケースはパワハラとまでは言いにくいものの、パワハラの6類型でいえば個の侵害に相当するものです。発言によってはセクハラの要素が強い場合もあるでしょう

　ここでの非常に大きな問題は、**無意識の偏見、差別が隠れていること**です。しかもそれが非常に前近代的な思い込みであることです。公務員たるもの結婚するもの、家庭を持ってこそ一人前、身を固めてこそ信頼が得られるといった偏見は、今の時代では到底受け入れられるものではありません。

　一般企業においてもこのような考え方をしていれば、差別を助長する企業として社会から痛烈な批判を受けるでしょう。ましてや公務員がこのような偏見を持ち、差別的な発想をしていることがわかれば、住民からは厳しい目で見られることは間違いありません。

　住民から、社会から厳しい目で見られるからダメだということではありません。国の方針としてそのような偏見、差別を持つことが正しいことではないと考えられているからです。

　国が力を入れている働き方改革のひとつとして注目されているのが、ダイバーシティです。ダイバーシティの推進とは、おおまかにいえば、性別はもとより年齢、国籍、障害の有無、性的指向など、様々な人達が活躍できる社会を目指していくということです。こうした時代背景への理解の欠如、無自覚が、本ケースのような発言につながってしまいます。

　こうした無意識の偏見、差別は昨日今日で急に出来上がるものではなく、長い時間をかけて作られてきていて、本人にとってはそれが当たり前であり、特に悪いこととは思っていない点も非常に大きな問題です。

▶アンガーマネジメント的な対処術

● 無意識の偏見に向き合う

　無意識の偏見とは、つまりはコアビリーフのことです。少なくとも自分にとっては正しいことですし、常識的なものです。

　ただ、問題となるのは、いくら自分にとっては正しいと思えるコアビリーフであったとしても、それが社会の価値観と照らし合わせた時に受け入れられるものかどうかはわからない点です。

　特に公務員であれば、社会の価値観に沿った規範的な行動、役割を求められます。時にそれは自分の価値観とは違うかもしれません。また、中には自分の価値観としては受け入れられないものがあるかもしれません。

　自分自身の価値観を大切にすることはとても良いことです。ただ、公務員という立場にいる時に自分の価値観を優先したとしたら、そしてそれが社会では受け入れられないものだとしたら、大きな問題となることは火を見るより明らかです。

　私達には一人ひとり、無意識の偏見、コアビリーフがあります。それは自然なことです。それが社会の価値観と比べた時に、どの程度社会と同じなのか、乖離しているのかを客観的に知っておくことがとても大事です。

　どの程度同じなのか、乖離しているのかを知るためには、常に社会の価値観の推移について注意深く目を向けておくことが必要です。

　特に公務員の場合であれば、国の方針が今どのようなものであるかを理解しておくことは、業務を正しく遂行するのに不可欠という意味だけでなく、自身の行動が社会に受け入れられるものかどうかの判断基準として必要です。

　自分自身の価値観を大切にしつつも、公務員としての立場を尊重できるバランスのとれた視野を持つことが求められるのです。

▶本ケースで使えるアンガーマネジメントのテクニック

● 暗黙の了解を見つける

　自分の無意識の偏見、コアビリーフを知るひとつの方法として、どのような非公式ルールがあるのかを突き止めるというものがあります。

　公式ルールというのは、文書として記され、誰もが同じ条件として理解しているものです。例えば、公務員であれば例規・要綱といったものが当てはまるでしょう。

　一方で非公式ルールとは、文書としては記されていないものの、なんとなくみなで共有している暗黙の了解のことです。

　組織における暗黙の了解は、個人がそれぞれ持っている無意識の偏見の集合として表れているものです。そしてこの暗黙の了解は、表立って言うことがはばかられるものではあるものの、だからといって正面から否定、反論することも難しいと思われているようなものです。

　この組織における暗黙の了解を見つけることで、自分の中にある無意識の偏見を見付けることができます。

　あなたの職場にはどのような暗黙の了解があるでしょうか。そして、その暗黙の了解は、どのような無意識の偏見から作られているのでしょうか。例えば次のような例です。

> **暗黙の了解例**　お茶出しは女性がするもの　▼

　こうした暗黙の了解は、残念ながら多くの職場で見られるものです。この例では、給仕というのは女性がするものという無意識の偏見があります。

　そして次に無意識の偏見の問題点を考えます。この例の問題点は性別役割分担意識です。

　こうした作業をすることで、偏りのない公正な考え方、評価ができ

るようになっていきます。

　では、ここではワークシートを使って、職場の暗黙の了解、無意識の偏見を見つけていきましょう。やり方は次の３つのステップです。

　　1．まず職場にある暗黙の了解をあげます。

　　2．次にその暗黙の了解が作られるもとになっている無意識の偏見を考えます。

　　3．そして最後に、その無意識の偏見がなぜ問題なのかも考えます。

　1．暗黙の了解
　　　非正規の職員は打合せで発言するべきでない
　2．無意識の偏見
　　　非正規の職員は正規職員とは立場が違うので発言は不要だ
　3．無意識の偏見の問題点
　　　採用条件による差別はあってはならないこと

以下、あなたの身の周りの例をあげてみてください。

　1．暗黙の了解

　2．無意識の偏見

　3．無意識の偏見の問題点

専門職の部下からの新任上司へのパワハラ

ケースの概要

　Aさんは、今年から保健センターの課長になった。出先機関の勤務は初めてであり、保健師などの専門職が多い職場だったが、新しい業務にも前向きに取り組んでいた。しかし、なかなか思い通りにことが運ばなかった。

　これまでの業務の進め方を変えることに消極的な部下が多く、特にこの課が長い専門職であるB係長は、Aさんの提案や指示にあからさまに嫌そうな反応をすることがたびたびあった。

　「課長は新しいことばかり提案するが、この課にはこの課のやり方がある」「住民はそんなことは望んでいない。しょせん業務の素人である課長の自己満足ではないか」などと言って反発したり、逆にAさんがこれまでの経緯などをBさんに尋ねても、「直接の担当ではなかったからわからないし、専門的な部分が多いので…」などとはぐらかし、正確に情報を伝えなかったりするなど、非協力的な態度に終始していた。

　周りの職員も、ご意見番的なBさんには逆らえず、Aさんには関わろうとしなかった。

　そのような状況が半年ほど続き、孤立したAさんは心身ともに追い詰められて、体調を崩してしまった。

▶パワハラに至った背景（想定される要因）

　本ケースは部下から上司に対するパワハラになります。一般的にパワハラといえば、上司から部下に対して行われると考えがちですが、必ずしもそうではありません。

　パワハラの行為者のキーワードとなるのが職場での優位性です。職場での優位性については第1章で解説した通りです。

　人には現状維持バイアスというものが働いています。これは未知のもの、新しいものを避け、なるべく現状のままいようとするものです。なぜなら、生物にとって未知のもの、新しいものは危険である可能性があり、今のまま変わらなければ安全でいられると本能的に思っているからです。

　本ケースのように、専門職として自負がある職員は殊更その傾向が強くなりがちです。自分達は専門職であり、自分達のやり方こそ正しいというプライドがあるからです。

　こうした専門職の人達にとっては、新しいやり方や提案というのは、自分達のこれまでのやり方を否定するものと受け止めてしまいがちです。こちらはそんなつもりはなく、ただより良いやり方を提案しようというだけだとしてもです。

　実は、**本ケースのAさんが新しい提案をすることも、現状維持バイアスなのです。**Aさんにとっては、新しい課の今までのやり方が自分にとっては馴染みのないものであり、新しい提案はAさんの今までのやり方の提案なのです。

　Aさんにしてみれば、Bさんは今までのやり方に固執しているように思えますが、Bさんからすれば Aさんは同じように映っています。

　自分の価値観を押し付けるなというのは、価値観を押し付けるなという価値観を押し付けているという大きな矛盾をはらんでおり、Aさんがそのことに気付いていないと思われる点も問題といえるでしょう。

▶アンガーマネジメント的な対処術

● 相手のやり方を尊重する

　自分にとって居心地の良いものでも、他の人にとっては居心地の良くないものであることがよくあります。アンガーマネジメントができていれば、そのことを理解しているので、自分の価値観を相手に押し付けるようなことはしません。

　ただ、業務を進める上で相手の価値観は尊重しつつ、ルールを決め、より良く改善していくことはできます。また、管理職としてそれが必要なことであるなら、恐れずに取り組まなければいけない課題です。

　孔子の論語に「君子は和して同ぜず。小人は同じて和せず」という言葉があります。これは、優れた人物は誰とでも協調はできますが、道理や信念を曲げてまで同調はしないということです。逆に小人はすぐに同調するものの、誰とも協調しないという意味です。

　まさにアンガーマネジメント的なマネジメントのあり方に近い言葉です。

　まずは今の課のやり方を実践しつつ、専門職の部下のこれまでのやり方を尊重します。そして、ある程度慣れてきたところで、また信頼関係が築けてきたところで、自分の信念に従い新しい提案をします。

　その時もいきなり大きな変革に取りかかるのではなく、ハードルが低いこと、実行可能性の高いものから始めます。

　ルールさえ決まれば人が動くということはありません。人は感情の生き物です。頭では理解できたとしても、感情が付いてこなければ、動きたいとは思わないのが人情です。

　その人情、感情を理解し、どうすれば人が気持ちよく動けるのかを考えるのが、アンガーマネジメントができるリーダーです。

▶本ケースで使えるアンガーマネジメントのテクニック

● スモールステップ作り

　新しい職場で何かを試したいと思ったとき、現状維持バイアスが邪魔をして、そう簡単には変わってくれないことがあります。むしろ新しいことをしようとすることで、本ケースのように反発されたり、無視されたりと状況が悪化することもあるでしょう。

　行動を変えていくためには、いきなり大きく変えるのではなく、小さくできることから変えていきます。そしてそれは入念に計画をして用意します。

　アンガーマネジメントでは、それをスモールステップ作りと呼んでいます。ハードルが低く、試しやすいものから試していくのです。

　スモールステップ作りは次の4つのステップで行います。

　　1．問題を解決するために試してみたいことをあげる

　　2．実際に試せそうな優先順位を付ける

　　3．その行動をした結果を予想する

　　4．その行動をした時に起こり得るトラブルを予想し、解決策を
　　　考えておく

　あらかじめここまで考えておくことで、第一歩を踏み出しやすくなるのです。

　では実際にやってみましょう。本ケースの場合で考えます。

　課の仕事のやり方を変えるために試したいこととして、ここでは3つあげました。その時にその試してみたいことの難易度を考えておきます。

　次にその行動をした場合の結果予想をします。またその結果に対する自分の満足度も併せて考えます。

　そして最後に、それを試した場合に考えられるトラブルと、そのトラブルへの対応策を考えます。

　すると、下記のワークシートのようになりました。こういう設計をしておけば、いきなり無茶なことはしなくなりますし、お互いの価値観を尊重しながら、独りよがりにならずに建設的に変化を作っていくことができます。

　ポイントは入念な計画です。組織を変えることは非常に大変なことであり、リーダーとしての忍耐力が試されると心得て、時間をかけて取り組んでいきましょう。

試してみたいこと		
●変えてもいいことのアンケートをとってみる ● 3つの提案をしてひとつを選んでもらう ●自分のやり方ですべての業務のやり方を変える		
試せそうな優先順位①	試せそうな優先順位②	試せそうな優先順位③
変えてもいいことのアンケートをとってみる	3つの提案をしてひとつを選んでもらう	自分のやり方ですべての業務のやり方を変える
難易度 ★☆☆☆☆	難易度 ★★☆☆☆	難易度 ★★★★★
結果予想①	結果予想②	結果予想③
これくらいは答えてくれると思う	ひとつでも提案が通れば嬉しい	自分の思う通りになるのだから気持ちいい
満足度 ★☆☆☆☆	満足度 ★★★☆☆	満足度 ★★★★★
トラブル対応①	トラブル対応②	トラブル対応③
回答してくれない、もしくはすべて拒否される ➡3択にするなど工夫する	一番無難なものが選ばれる ➡それでも良しとする	反発される、無視される ➡いきなり全部というのはさすがに難しい。できるものを優先してやってみよう
難易度 ★☆☆☆☆	難易度 ★★☆☆☆	難易度 ★★★★★

不適切な住民対応を報告された腹いせの パワハラ

ケースの概要

　税務課に配属になり2年目のAさんは、課税業務を担当している。1年目はまだ税のこともよくわからないため、先輩職員の補助をしながら業務を覚えていった。2年目になり、少しずつ税務相談も任されるようになり、B係長など先輩職員のサポートを受けながらも誠実に業務に取り組んでいた。

　そんなある日、住民からの税務相談で少々話がこじれてしまったため、Bさんに一緒に対応してもらった。一部始終を聞いたBさんは、これまでもそうしていたように、その場をやり過ごそうと、特例的な対応をして住民をなんとか納得させた。

　しかし、そのような対応をしては、他の住民への公平な対応ができないと思ったAさんは、課長のCさんにBさんの対応を報告したところ、CさんがBさんを自席に呼び、なぜそんな対応をしたのか、これまでもそうしていたのか、などと問いつめ、他の課員の前で叱責した。

　みんなの前で恥をかかされたBさんは、その後、その腹いせに周りにわからないように、Aさんが相談にきても無視したり、打ち合わせにAさんだけ呼ばなかったりと、Aさんに対して陰湿な言動をするようになった。

　こうした状態が長く続いた結果、Aさんは朝になると腹痛がするようになり休みがちになってしまった。

▶パワハラに至った背景（想定される要因）

これは、パワハラの 6 類型のうちの、精神的な攻撃や人間関係からの切り離しに相当すると考えられる事案です。しかもBさんのパワハラ行為の理由が、自分が叱責されたことによる私怨からのもので、まったく弁解の余地もありません。

また、Aさんの行為は公益通報的なものとして扱われる可能性もあるかもしれず、仮にAさんが自治体を訴えた場合、自治体はかなりまずい立場に追い込まれます。そうした点でも組織にとって非常にリスクの高いパワハラといえます。

Bさんは、自分が特例を用いて場当たり的な対応をしていることについて、もしかすると自分がしていることが公金の不適切な取扱いによる懲戒対象になるかもしれないという後ろめたさを感じているとも思われます。ただ、その後ろめたさよりも、住民との対応でもめたくないという気持ちの方が先に立ってしまい、場当たり的な対応を続けているのかもしれません。

CさんのBさんに対する叱責の方法も良くないものでした。叱責は、必ず一対一、フェイス・トゥ・フェイスで行います。叱られることについては、誰もが恥の感情を持ちますので、その点に対する配慮は必要でした。CさんがBさんを叱責する場合、別室に呼ぶなど、皆の目から離れたところで行うべきでした。

場当たり的な対応は、その場はなんとか収まるものの、長期的に見れば矛盾をはらむものになります。特に住民対応においては、あの人には良かったのに自分にはダメなのはなぜか、と問い詰められると回答できず、そもそも著しく公正さを欠き、自治体の対応としてあってはなりません。

たとえ今眼の前の状況は苦しくても、住民の誰に対しても公正に対応するという原則を深く理解し行動することが求められます。

▶アンガーマネジメント的な対処術

● 冷静に理性的に向き合う

　Bさんが感情的になっているところにきて、Aさんまでも感情的に反応してしまえば、同じ穴のムジナになってしまいます。相手が感情的になっている時こそ、こちらは冷静に理性的に向き合うことが大事です。

　Aさんの心情としては、自分は正しいことをしているのにという気持ちがあります。パワハラの相談窓口に駆け込みたい気持ちもあると思いますが、その前にひとつすることがあります。

　それはBさん、Cさんとの3人での話し合いです。なぜなら、上司に一言の相談もせずにパワハラ相談窓口に駆け込んだとしても、上司とは話し合ってきたのかと聞かれることが多く、また話し合っていないようであれば、まずは一度話し合うことを勧められるからです。

　話し合いでは、今自分がBさんからどのような仕打ちを受けているのかを事実で伝える努力をします。その時に役に立つのが、Bさんからどのようなことをされているのかを、普段からメモしておくことです。メモをしておくことで、それが事実であることがより真実味を帯びます。

　その上で、CさんからBさんに対して、意趣返し的なことはしないこと、同様のことをした場合には口頭注意では済まなくなることなどを約束してもらいます。この時にその場で話し合ったことを記録しておくことも大切です。

　Bさんを貶めることが目的ではなく、パワハラが再び起こらないように、また公務員として適切に公務に従事することができるようになることが目的です。そのスタンスを崩さずに話し合いの場に臨みましょう。

▶本ケースで使えるアンガーマネジメントのテクニック

● ワンパターンを壊す

　私達の行動は驚くほどワンパターンです。なぜなら脳はなるべく省エネで生きたいと思っているので、考えなくて良いことはなるべく考えないようにするからです。

　ですから、ルーチン的なことについては考えなくてもできるように、いつの間にかワンパターンになります。これが良い習慣だけに当てはまれば良いのですが、悪い習慣にも当てはまってしまうのが問題です。

　しかし逆に言えば、ワンパターンだからこそそのパターンがわかれば壊すことができます。

　アンガーマネジメントでは、これをブレイクパターンといいます。文字通りパターンを壊すことです。

　パワハラをしてくる人もワンパターンでしてきています。よく振り返ってみてください。毎度手口は同じではないでしょうか。

　まずはこのパワハラのパターンを見つけてください。どのような時間、場所、場面、タイミングでしてくることが多いでしょうか。その時にどのようなセリフ、態度、口調だったりするでしょうか。

　そのワンパターンが見つかったら、次はワンパターンを壊していきます。ワンパターンを壊すことで、パワハラを受けないようにするのです。

　本ケースでいえば、実際にパワハラを受けている場面を想定しても良いですし、あるいはCさん、Bさんと 3 人で話し合う時のことを想定してもOKです。話し合いをしても同じことが繰り返されてしまう、あるいは話し合いの場面でBさんが一向に話を聞いてくれないなどのパターンを考えても良いでしょう。

　ワンパターンを壊すポイントは次の 3 つです。

　　　1．ひとつだけ小さく変えてみる

　　　2．上手くいっていることは変えない

　　　3．上手くいかないなら別の方法に切り替える

　「ひとつだけ小さく変えてみる」とは、いきなり大きく変えようとしても無理があるので、簡単にできることをひとつだけ試してみることです。

　例えば、話し合いの時間がいつも午後であれば、それを午前に変えてみるといったものです。

　「上手くいっていることは変えない」とは、当たり前のようですが、意外と上手くいっていることも変えてしまうので注意が必要です。何かを変えるといっても、上手くいっていることまで変える必要はありません。

　例えば、三者で話し合うことが上手くいっているのであれば、話し合う度に少しでも改善しているのであれば、それは続けるということです。

　「上手くいかないなら別の方法に切り替える」とは、状況を改善していくためには一発で劇的に上手くなることを期待しないことです。

　今回試したことが上手くいかないのであれば、他のことを試せばいいのです。一度の失敗くらいで諦めずに、他に手軽に気軽にできる、変えられることを試してみてください。

　こうして上手くいくことを少しずつ増やしていきます。パワハラは放っておいて改善されることはまずありません。相談窓口に相談すれば100％解決するかといえば、それもなかなか難しいのが現実です。

　今自分ができること、変えられるものを見つけてパワハラを止めさせることはできないか、まずは向かい合ってみましょう。

ケースの概要

　新年度から窓口業務を担当することになったAさんは、これまでの業務と違い、住民と直接接することで、公務員としてより成長できるのではないかと期待していた。

　人と話すことも嫌いではなかったため、住民とのコミュニケーションも上手くとれると思っていた。

　実際、ていねいな応対と法制度に則った正しい事務処理を心がけていたことで、対応した住民にも満足してもらえているという実感があり、Aさんも自信を持って業務に当たっていた。

　ある日、保険料のことで窓口に訪れた住民Bさんに対応したAさんは、いつものように相手の話をていねいに聞き、制度に沿って必要な書類や費用について説明した。説明を受け、想定外の費用がかかることがわかると、Bさんは急に機嫌を損ね、Aさんに不満をぶつけ出した。

　こうしたことは初めてで、ついカッとなったAさんは、きつい言葉を投げかけてしまった。その日は他の職員も間に入り、なんとかBさんをなだめて帰ってもらった。しかしその後、BさんはたびたびAさんのところにやってきては、「そんな説明じゃわからない」「それでよく公務員をやっていられるな」などと嫌味や暴言を吐いたり、大声で怒鳴りつけたりした。

　そんなことが続き、すっかり自信をなくして眠れないことが多くなってしまったAさんは、とうとう配置転換を願い出た。

▶パワハラに至った背景（想定される要因）

　これはパワハラとは性質の違うものです。カスタマーハラスメント（カスハラ）の範疇に入るものでしょう。厚生労働省は、カスハラが大きな社会問題になりつつあることに大きな問題意識を持っています。今後、カスハラについてどう対応するべきなのか指針が発表されます。

　住民の一部には、相手は公務員なのだからこちらが何をしても大丈夫だろう、こちらは納税者なのだから当然それをして良い権利がある、などと思っている人もいます。社会的には非常に問題のある考え方であり、許されるものではありませんが、どこの自治体にも残念ながら一定数います。

　こうした人達に対しても公正に対処しなければいけないのは、自治体職員の苦しいところであり、特殊なところでもあります。民間企業であれば、極端な話、取引を停止することもできますが、自治体ではそれはできません。

　悪質なクレームをつける人達も、実は怒りをぶつける相手を選んでいます。誰かれ構わず怒りをぶつけたり、高圧的な態度に出たりするわけではなく、自分が言いやすい相手、自分の思った通りの反応をしてくれる相手を実に賢く見分けています。

　なぜなら、自分が言いやすい相手でなければ言うことができないですし、自分が想定した通りの反応が得られなければ、やっても仕方がないからです。

　また、そうした人達はこれまでの経験の中でゴネ得をしたことがあります。ゴネれば得をする、自分に不利なことであってもゴネればひっくり返ると思っているので、こうした行為を繰り返し行います。

▶アンガーマネジメント的な対処術

● 安全・安心な環境を作る

　ゴネれば得をすると考えている住民がいることはとても残念なことですが、一方で、それは自治体側にも大きな問題があり、場当たり的に対応してしまう職員がこうした人達を作ってしまっている、という側面もあるということを自覚しなければなりません。

　その場が苦しくて、場当たり的な対応をしてしまうと、後からもっと面倒な問題を引き起こしてしまうこともあるのです。

　自治体職員であれば誰もが誰に対しても公正公平に対応しなければいけないという一方で、誰にも相性というものがあります。性格的な相性もあれば、会話がしやすい・しにくいといった相性もあります。

　相性の問題は良い悪いではありません。また相性が良い悪いという、単純に2つに割り切れるようなものでもありません。電極に例えるなら、＋と＋は反発し、＋と－はくっつくというような簡単な話ではないのです。時には＋と＋、似たもの同士だから上手くいくこともあれば、＋と－、反対の性質だから上手くいかないということもあるのです。

　所属長としては、そうした相性の問題があることを知っておくことはとても大切です。人は感情の生き物です。

　努力をすることで、技術的に誰とでも上手くやっていくことはできるともいえますが、上手くいく人に対応させた方が早い、あるいは複数人で対応に当たらせた方が早いということも往々にしてあります。

　本ケースのような場合は組織で対応することが基本です。個人での対応は個人に責任を負わせることにもなりかねず、それでは個人への負担が非常に大きくなります。組織として対応することで、各人が安全・安心であるということを後ろ盾として適切に対応することができるようになります。

　職場としてこうした配慮をしていくことが重要である理由は、職員が安全・安心に働ける場を作るということも、所属長に求められる大きな役割のひとつだからです。

　職員は安全・安心に働ける環境があるからこそ、余計なことに捉われずに、ストレスを感じることなく、職務に集中し、より良い住民サービスを提供することができるようになるのです。

▶本ケースで使えるアンガーマネジメントのテクニック

● 相手のマイナス感情を聞く努力

　怒りを大きくさせるのがマイナス感情であることは第2章で説明した通りです。

　第2章では自分のマイナス感情が何であるかについて考えましたが、ここでは相手のマイナス感情が何であるかを聞くトレーニングをしましょう。といっても相手のマイナス感情を聞くことは、自分のものを知るのと方法は同じです。

　本ケースであれば、Bさんが機嫌を損ねたのは、想定外の費用がかかることがわかってからです。

　Bさんはこの時に、もしかしたらマイナス感情として「自分が不当に払いすぎるのではないかという疑念」「そんなに払わなければいけないのかという不安」「なぜ自分が？　という不満」などを感じていたのかもしれません。

　この気持ちをていねいに聞き出す努力をしてください。この時に役に立つ質問の言葉があります。それが次のものです。

「どのような状態であれば満足されますか？」

　こちら（職員側）がどう対応したらいいか、と聞いてしまいがちですが、そうすると相手は無茶な要望を出してくるかもしれませんし、出されたところでどうにも問題は解決しません。

　状態というのは、自分が満足した状態のことです。どうすれば自分が満足するのかわからずに怒っている人は非常に多いです。

　そこで、この質問をすることで、ゴールである着地点をお互いに見付けることができるようになるのです。

自分事として捉えると早く上達する

　本章では、ケースを通じて、どのような理由でパワハラに至るのか、アンガーマネジメントを使ってどのように対処することができるのか、またそうした場面で使える具体的なアンガーマネジメントのテクニックを紹介してきました。

　ここで重要なことは、これらのケースをいかに自分事として捉えることができるかです。「そういう人いるよね」「あぁ、こういうのあるある」と他人事としてケースを読んでいると、情報としては受け取ることができますが、知識として蓄積することができません。

　せっかく本書を読んでいただいているのですから、知った情報をそのままにするのではなく、知識として蓄積し、それを実際の場面で使えるようになってほしいのです。

　情報は、ただ受け取っただけでは活用することはできません。情報を活用するためには、実際に自分がその情報を使っている場面を想像することで、初めて知識として蓄積されるのです。

　ここで改めてケースを読み直してほしいのですが、その時に自分がパワハラの行為者の視点から、あるいはパワハラを受けている側の視点から見るようにしてみてください。ケースに登場するあらゆる人物の視点から見てみると、違った風景が見えてくるでしょう。

　例えばケース1であれば、パワハラの行為者である先輩Bさんの目には、後輩のAさんはどのように映っているのでしょうか。BさんはAさんのひとつのミスを見て、まるでAさんが全部ダメかのようにレッテルを貼ってしまったのかもしれません。実際に想像することでケースをより身近なものとして感じることができるようになるでしょう。

　また、Aさんから先輩のBさんはどのように見えているのでしょうか。Aさんの心象風景を想像すると、怖い、困惑する、嫌だ、不愉快

だ、といった感情を認めることができるのではないでしょうか。

　所属長のCさんは、なぜBさんの行為を黙認してしまったのでしょうか。Cさんの立場になってみると、もしかしたら、Bさんに言いたくても言えない遠慮のようなものが見えてくるのかもしれません。

　ケースは特定のものではありませんが、自治体の職場でよくある様々な出来事を整理して編集したものです。あなた自身が同じような場面に当事者として遭遇することも実際にあるでしょう。

　実際の場面で、あなたがAさん、Bさん、Cさんの立場であればどのようにふるまうのでしょうか。どのようなセリフを言い、どのような態度をとるのでしょうか。それを実際に当事者になったつもりで考えることで、これらのケーススタディをただの情報から使える知識へと変えることができます。

　本書で繰り返し説明してきた通り、アンガーマネジメントはトレーニングです。練習することで上達します。逆に言えば、練習をしていなければ、いざという時には使えません。

　知っていることとできるということは、大きく違います。野球を何百回と見たことがあったとしても、実際にバットを振ったことがない人がバッターボックスに入って、いきなりヒットが打てるかといえば、そんなことはありません。

　また、アンガーマネジメントは、練習をし始めたからといってすぐに上級者のようにできるわけではありません。人によって上達するまでの期間も異なりますが、とても大切なことは、自分のペースでコツコツと続けることが、結局は上達への一番の近道だということです。

　繰り返しケースを読み、自分事としてケースを捉え、模擬練習としてアンガーマネジメントに取り組んでみてください。そうすれば実際の場面で驚くほど上手に様々な対応ができるようになるでしょう。

おわりに

　パワハラと指導の区別が付きにくいという人はいても、パワハラを
しても良いと考えている人はいないでしょう。また、自分が普段して
いることが、もしかしたらパワハラになっているかもしれないと不安
に感じている人もいるでしょう。理屈としては理解しているつもりで
も、その場面になると感情的になってしまい、パワハラ行為をしてし
まうという人もいます。

　パワハラのすべての行為が必ずしも怒りという感情に関係している
とは限りませんが、怒りの感情によってパワハラが引き起こされてし
まうケースは非常に多いです。

　アンガーマネジメントは単純に技術です。技術なので、練習を重ね
れば誰でも上達するものです。本書で紹介している考え方、テクニッ
クなどを毎日どれでもいいので、少しでも続けてください。そうすれ
ば必ず上達します。

　ただ、アンガーマネジメントは、右肩上がりに、目に見えるように
上達するものではない点に注意が必要です。自分では本当に上達して
いるのかどうか、なかなかわかりません。

　それでも続けていると、ある日、今まで気になってイライラしてい
たこと、目について頭にきていたことが、気にならなくなったり、目
につかなくなったりすることに気付く日が来ます。

　私の経験でいうと、アンガーマネジメントを始めた頃は急に上達し
た気がしました。始めたばかりというのは、今までにやったことがな
かったわけですから、実際急激に上達します。

　ところが、アンガーマネジメントをやり続けていても、少しも自分
が成長した気がしない期間が続くようになりました。その頃は、自分
が取り組んでいることは正しいのか、やり方が間違っているのではな
いかと不安や疑心暗鬼になったものでした。ただ、それでもアンガー

マネジメントはできるようになるはず、という思い込みの下、信じて続けていたところ、ある日突然その日がやってきたのでした。

　私の場合、それは仕事の同僚とのやりとりでした。その同僚とのやりとりは毎度ストレスになるもので、どうしてこの人はこんなコミュニケーションをとるのだろうかと思いつつ、いつも衝突していました。

　ところがある日、あぁ、なるほど相手には相手なりの立場、言い分があり、それをどうにか守ろうとしてこういうコミュニケーションになっているのだなと素直に思えたのです。また、自分側としても、相手の言い分を受け入れることは、なんとなく自分の間違いを認めるようで、無意識のうちに抵抗していたことに気付きました。

　それからはその同僚とコミュニケーションをとることが苦ではなくなり、また、相手の話を聞きつつ、こちらの要望も上手に伝えられるようになったことで、仕事は断然はかどるようになりました。

　アンガーマネジメントができるようになると、仕事がこんなにも楽になるものかと実感した瞬間でした。

　パワハラを受ける側の苦痛はいうまでもありませんが、実はパワハラをする側も苦痛を抱えています。上手に感情表現ができてコミュニケーションがとれれば、パワハラになるようなことはせずに済むのです。

　本書が、自治体の職場からパワハラがなくなり、誰もが安全・安心に働けるようになるためのひとつの助けになれば、筆者としてこれほど嬉しいことはありません。

　アンガーマネジメントですべての職場からパワハラをなくしていきましょう。世界中の国から日本の職場は素晴らしいと賞賛される日は、すぐそこにやってきていると信じています。

　　　　　　　　　　　　　　　　　　　　　　　安藤　俊介

- 一般社団法人日本アンガーマネジメント協会『テキスト』2021年
- 安藤俊介『アンガーマネジメント入門』朝日新聞出版、2016年
- 安藤俊介『[図解] アンガーマネジメント超入門 怒りが消える心のトレーニング』ディスカヴァー・トゥエンティワン、2018年
- 安藤俊介『叱り方の教科書』総合科学出版、2017年
- 安藤俊介『はじめての「アンガーマネジメント」実践ブック』ディスカヴァー・トゥエンティワン、2016年
- 堤直規『公務員1年目の教科書』学陽書房、2016年
- 板垣勝彦『自治体職員のためのようこそ地方自治法［改訂版］』第一法規、2018年
- 窓口法務研究会（代表 山口 道昭）『そこが分かれ目！公務員のための住民も納得の窓口対応』第一法規、2017年
- 厚生労働省『あかるい職場応援団』
- 厚生労働省『職場のパワーハラスメント防止対策についての検討会 報告書』2018年
- 厚生労働省『職場のパワーハラスメントの予防・解決に向けた提言』職場のいじめ・嫌がらせ問題に関する円卓会議、2012年
- 人事院『お互いが 働きやすい 職場にするために パワー・ハラスメント防止ハンドブック』2015年
- 労働政策審議会『女性の職業生活における活躍の推進及び職場のハラスメント防止対策等の在り方について（建議）』平成30年12月14日労審発第1032号
- 一般社団法人日本アンガーマネジメント協会『怒りの感情が業務に及ぼす影響』インターネット調査、2016年
- 『事業主が職場における優越的な関係を背景とした言動に起因する問題に関して雇用管理上講ずべき措置等についての指針』令和2年1月15日

厚生労働省告示第5号

- 『人事院規則10-16（パワー・ハラスメントの防止等）の運用について』
  令和2年4月1日職職-141
- 『地方公共団体におけるパワーハラスメント対策の取組状況について』
  令和2年10月2日総行女第40号

※本書に掲載の図表で出典の記載がないものも、「一般社団法人日本アン
　ガーマネジメント協会『テキスト』2021年」を参考に作成しています。

著者紹介

安藤　俊介 (あんどうしゅんすけ)

　一般社団法人日本アンガーマネジメント協会代表理事、アンガーマネジ
メントコンサルタント

　怒りの感情と上手に付き合うための心理トレーニング「アンガーマネジ
メント」の日本の第一人者。アンガーマネジメントの理論、技術をアメリ
カから導入し、教育現場から企業まで幅広く講演、企業研修、セミナー、
コーチングなどを行っている。ナショナルアンガーマネジメント協会では
15名しか選ばれていない最高ランクのトレーニングプロフェッショナルに
アジア人としてただ一人選ばれている。2017年には厚生労働省の「職場の
パワーハラスメント防止対策についての検討会」委員に就任。

　主な著書に『アンガーマネジメント入門』（朝日新聞出版）、『アンガー
マネジメントを始めよう』（大和書房）などがある。著作はアメリカ、中
国、台湾、韓国、タイ、ベトナムでも翻訳され累計70万部を超える。

サービス・インフォメーション

──── 通話無料 ────

① 商品に関するご照会・お申込みのご依頼
　　　　TEL 0120 (203) 694／FAX 0120 (302) 640
② ご住所・ご名義等各種変更のご連絡
　　　　TEL 0120 (203) 696／FAX 0120 (202) 974
③ 請求・お支払いに関するご照会・ご要望
　　　　TEL 0120 (203) 695／FAX 0120 (202) 973

● フリーダイヤル（TEL）の受付時間は、土・日・祝日を除く
　9：00〜17：30です。
● FAXは24時間受け付けておりますので、あわせてご利用ください。

上手なセルフコントロールでパワハラ防止
自治体職員のためのアンガーマネジメント活用法 ［改訂版］

2019年 2 月20日　初版第 1 刷発行
2021年10月15日　改訂版第 1 刷発行

著　者　安　藤　俊　介
発行者　田　中　英　弥
発行所　第一法規株式会社
　　　　〒107-8560　東京都港区南青山2-11-17
　　　　ホームページ　https://www.daiichihoki.co.jp/

自治体アンマネ改　ISBN978-4-474-07615-0　C2031　（8）